5-7, rue de l'Ecole-Polytechnique, 75005 Paris

www.editions-harmattan.fr

ISBN : 978-2-343-14369-9
EAN : 9782343143699

La protection des civils en République centrafricaine

Les déboires d'une mission de paix onusienne

Le droit aujourd'hui

La collection « Le droit aujourd'hui » regroupe des études juridiques concernant des problèmes d'actualité nationale et internationale, dans divers domaines (éthique, politique, questions de société…).

Déjà parus

Moustapha Kamara (avec la collaboration d'Isabel Falconer et Samba Thiam), *Le contentieux du transfert des joueurs devant la FIFA et le Tribunal arbitral du sport. Guide juridique pratique*, 2017.

Marie Pelé et Cédric Sueur (Coord.), *Questions d'actualité en éthique animale*, 2017.

Guy Dibangue, *La recherche de l'équilibre contractuel dans le cautionnement*, 2017.

David Defrance, *Le retour à meilleure fortune, Étude en droit des difficultés économiques*, 2017.

Mariem Aydi Ghozzi, *Les principes généraux dans la jurisprudence de l'organe de règlement des différends de l'OMC, 2017.*

Boris Barraud, *Le droit postmoderne. Une introduction*, 2017.

Boris Barraud, *La jurisprudence et la doctrine*, 2017.

Geneviève Iacono, *Voyages au cœur des propriétés publiques*, 2016.

Nitish Monebhurrun, *La fonction du développement dans le droit international des investissements*, 2016.

Djiby Sow, *La légalité de l'intervention militaire française au Mali. Contribution à l'étude du cadre juridique de la lutte armée contre le terrorisme international*, 2016.

Emmanuel Tessier, *Le stade en droit public. Recherche sur le régime juridique des enceintes sportives*, 2015.

Josué KANABO

La protection des civils en République centrafricaine

Les déboires d'une mission de paix onusienne

Préface de Didier Prince-Agbodjan

L'Harmattan

À ma mère Akouavi TOUSSA,

À Elom, cette amie-là,

Remerciements

Au terme de ce travail de recherche, nous témoignons notre gratitude et nos sincères remerciements :

À Monsieur Didier Prince-Agbodjan, Maître de Conférences en Droit international ; Enseignant-chercheur, Éthique et responsabilités sociétales fondées sur les droits sociaux fondamentaux ; dont les conseils nous ont été indispensables ;

Au Dr Djacoba Liva Tehindrazanarivelo, pour le goût du Droit de la sécurité internationale qu'il nous a transmis et pour nous avoir inculqué le sens de la minutie, et de la rigueur scientifique ;

À nos camarades, d'ici et d'ailleurs ; particulièrement à Olivier Adjaklo, Jacques Akpe, Mireille Edoh et Elom Afonope ;

À Zeinatou Alassani, Ousmane Houzibe, Anette Mensah, et Rosine Tikpentiyena, Mawussé Kanabo, Olivier Kotsanu pour leur soutien indéfectible.

Liste des sigles et abréviations

A/PV	Procès-verbaux des séances de l'Assemblée générale des Nations Unies
A/RES	Résolution de l'Assemblée générale des Nations Unies
AFDI	Annuaire français de droit international
AG	Assemblée générale des Nations Unies
ANE	Autorité nationale des élections
BCP	Bureau de consolidation de la paix
BINUCA	Bureau intégré des Nations Unies pour la consolidation de la paix en République centrafricaine
BONUCA	Bureau d'appui des Nations Unies pour la consolidation de la paix en République centrafricaine PIDESC
CEEAC	Communauté économique des États d'Afrique centrale
CEMAC	Communauté économique et monétaire d'Afrique centrale
CEN-SAD	Communauté des États sahélo-sahariens
CPI	Cour pénale internationale
CPS	Cour pénale spéciale
CS ou CSNU	Conseil de sécurité de l'Organisation des Nations Unies
DAM	Département d'appui aux missions de l'Organisation des Nations Unies

DDR .... Désarmement, démobilisation et réintégration

DDRR .... Désarmement, démobilisation, réinsertion et réintégration

DIDH .... Droit international des Droits de l'Homme

DIH .... Droit international humanitaire

DOMP .... Département des opérations de maintien de la paix de l'Organisation des Nations Unies

EAS .... Exploitation et abus sexuels

EUFOR Tchad/RCA ...... Mission de l'Union européenne au Tchad et en République centrafricaine

EUFOR-RCA .... Mission de l'Union européenne en République centrafricaine

EUMAM-RCA .... Mission de conseil militaire de l'Union européenne en République centrafricaine

FACA .... Forces Armées Centrafricaines

FOMUC .... Force multinationale en Centrafrique

FPRC .... Front Populaire pour la Renaissance de la Centrafrique

FSI .... Forces de sécurité intérieure

GIC-RCA .... Groupe international de contact sur la République centrafricaine

HCDH .... Haut-Commissariat des Nations Unies aux Droits de l'Homme

HCR .... Haut-Commissariat des Nations Unies pour les réfugiés

Ibid. .... Ibidem (au même endroit)

ICG .... International crisis group

ICR-LRA .... Initiative de coopération régionale contre l'Armée de résistance du Seigneur

MICOPAX .... Mission de consolidation de la paix en Centrafrique

MINURCA .... Mission des Nations Unies en République centrafricaine

MINURCAT .... Mission des Nations Unies en République centrafricaine et au Tchad

MINUSCA .... Mission intégrée multidimensionnelle de stabilisation des Nations Unies en République centrafricaine

MINUSMA .... Mission multidimensionnelle intégrée des Nations Unies pour la stabilisation au Mali

MINUSCO .... Mission multidimensionnelle intégrée des Nations Unies pour la stabilisation au Congo

MISAB .... Mission interafricaine de surveillance des accords de Bangui

MISCA .... Mission internationale de soutien à la Centrafrique sous conduite africaine

MPC .... Mouvement Patriotique pour la Centrafrique

OCHA .... Bureau de coordination des a□aires humanitaires de l'ONU

OMP .... Opération de maintien de la paix

ONU .... Organisation des Nations Unies

Op.cit. .... Opus citatum ou opere citato (oeuvre citée)

p. .... Page

PdC .... Protection des civils

PIDCP .... Pacte international relatif aux droits civils et politiques

PIDESC .... Pacte international relatif aux droits économiques, sociaux et culturels

PNUD .... Programme des Nations Unies pour le développement

RBDI	Revue belge de droit international
RGDIP	Revue générale de droit international public
RSS	Réforme du secteur de la sécurité
RSSG	Représentant spécial du Secrétaire général de l'ONU
S/PRST	Déclaration du Président du Conseil de sécurité
S/PV	Procès-verbaux des séances du Conseil de sécurité
S/RES	Résolution du Conseil de sécurité
SFDI	Société française pour le droit international
SG	Secrétaire général
UA	Union africaine
UE	Union européenne
UPC	Unité pour la paix en Centrafrique
USAID	Agence américaine pour le développement international.

Sommaire

PRÉFACE **15**

INTRODUCTION **21**

PARTIE I. DE LA NÉCESSITÉ DE PROTECTION DES CIVILS PAR LA MINUSCA **45**

CHAPITRE I. CONTEXTE CRITIQUE DE LA RCA 51

CHAPITRE II. LA MINUSCA DANS SA MISSION PRINCIPALE DE PROTECTION DES CIVILS 101

PARTIE II. DE L'EFFICACITÉ DE LA PROTECTION DES CIVILS PAR LA MINUSCA **139**

CHAPITRE I. LES OBSTACLES À L'EFFICACITÉ DES ACTIONS DE PROTECTION DES CIVILS 143

CHAPITRE II. LES CONDITIONS D'UNE OPTIMISATION DES ACTIONS DE PROTECTION DES CIVILS PAR LA MINUSCA 183

CONCLUSION GÉNÉRALE **215**

BIBLIOGRAPHIE **223**

RÉSUMÉ ET MOTS-CLÉS – SUMMARY AND KEYWORD **241**

INDEX **245**

TABLE DES MATIÈRES **247**

Préface

« (...) l'esprit universaliste de la science ne prévalut ni d'un côté ni de l'autre sur l'engagement patriotique et le parti pris nationaliste (...) Les scientifiques, en tant que groupe socioprofessionnel, n'ont fait preuve d'aucune propension particulière à s'élever au-dessus des affrontements politiques »

SCHROEDER-GUDEHUS, Les scientifiques et la paix. La communauté scientifique internationale au cours des années 20, PUM, 2014

LEÇONS D'INDIVISIBILITÉ DES ORDRES SOCIOPOLITIQUES ET JURIDIQUES EN PROTECTION POST-CONFLICTUELLE DES CIVILS DANS UN ÉTAT FRAGILE ET EN MAL DE CONSTITUTION

Plusieurs États africains demeurent en mal de constitution malgré la cinquantaine d'années d'indépendance formelle et relative, en raison des liens divers et persistants de traite avec les anciens colons et de la courte durée d'expérience de l'autonomie dans une double allégeance chaotique aux institutions coutumières et à celles héritées de la colonisation. Les vices et maux constitutifs de l'État en Afrique aboutissent, plus que parfois, à des situations récurrentes de guerres, tensions ou troubles civils épisodiques, de façon successive ou régressive. C'est le cas en Centrafrique où les Nations Unies ont initié une mission multidimensionnelle intégrée de stabilisation mettant en œuvre, entre autres, la protection des civils comme composante fondamentale du processus de rétablissement d'une paix durable. La mission vise une stabilisation par l'établissement d'un nouvel ordre constitutionnel, la fiabilisation et sécurisation des institutions publiques et enfin, la réconciliation nationale. Examinant la mission en cours, l'auteur s'est confronté aux actualités chaudes et mouvantes du processus de pacification centrafricaine, processus au long cours, miné par la survivance de foyers intermittents de tensions et violences, dont celles miliciennes. La particularité du cas centrafricain réside en effet dans sa dimension historique et répétitive, le pays ayant accueilli depuis les années 1990, de nombreuses et diverses missions de paix suite aux conflits internes consécutifs, successifs ou récurrents.

Cette recherche appliquée analyse les différentes versions des missions d'intervention et de paix des Nations Unies, pour évaluer à travers celles-ci, leurs évolutions et leur potentiel d'efficacité en termes de paix durable. L'étoffe des expériences et des aménagements observés est mise à l'épreuve du cas centrafricain pour saisir les éléments fondamentaux et structurants susceptibles d'être des leviers dynamiques de réussite en l'espèce. L'auteur, ce faisant, s'écarte des traditions de recherche visant à établir des lois scientifiques à partir d'enquêtes sur un dispositif international, pour plutôt faire constater les déficits coopératifs et d'adéquation entre les espaces émiettés et peu convergents des sociétés nationales et internationales, ainsi que les déficits de réalisation des droits humains. Il y procède par l'analyse des textes conventionnels, des discours et des pratiques, tant institutionnels qu'informels.

L'analyse systémique est conduite à travers une approche par les droits fondamentaux indivisibles et interdépendants, ce qui ouvre le champ à diverses investigations spécifiques qui esquissent les indicateurs et éléments nodaux du mal constitutionnel et administratif des conflits. Cet examen de sens pratique concourt à une structuration pertinente des analyses mettant la nécessité de la protection des civils au cœur des objectifs de la mission internationale ainsi que de son organisation et de son effectivité. Ainsi marquée, l'étude, en partie clinique, met en boucle récursive et féconde, les principes normatifs internationaux et locaux, notamment dans leurs mises en œuvre respectives, ce qui permet de saisir le jeu (dé)structurant des éléments fondamentaux de protection des personnes. La portée systémique de l'étude permet de valider les carences institutionnelles faisant écart entre les ambitions affichées et les résultats constatés, ce qui interpelle les acteurs globaux et locaux, en responsabilité solidaire, eu égard à leurs pratiques institutionnelles, stratégiques et informelles, dont celles affectives.

L'étude nous fait comprendre, dans une démarche circulaire et générative d'ordre fondamental, comment les niveaux, formes et qualités d'engagement des protagonistes centrafricains sont liés à ceux des soutiens internationaux onusiens pour une paix structurelle et durable, à l'image de la « paix perpétuelle » kantienne. En effet, la question des conditions et moyens de dépassement des optiques de simple fin de conflit guerrier demeure. Les leviers de paix structurelle esquissés renvoient également à la problématique de la constitution dense de l'État : pensé à nouveaux frais dans une dynamique constitutive du peuple divers et souverain, dans l'institution d'un régime souverain de droit opérant comme tiers lieu médiateur et par la mise en œuvre de services publics animés par des acteurs élus, choisis et compétents. En prenant au sérieux les cartographies diverses, notamment celles de distribution des pouvoirs et des ressources, celles géopolitiques, géoéconomiques ou géostratégiques ainsi que les cartographies culturelles et ethno-tribales, il est possible, à partir de ce travail, de cibler les leviers « actionnables » et d'efficacité. En effet, à partir de ce travail, nombre de veilles, plaidoyers institutionnels et interventions sociopolitiques sont envisageables pour optimiser l'efficacité de la mission de protection, à court terme ; instituer les organes publics fondamentaux, à moyen terme et consolider une paix durable, à long terme.

Pour ce faire, il serait indiqué d'envisager un véritable travail mémoriel et puissamment culturel autour des éléments d'histoire juridico-politique, éléments nationaux et internationaux, pour envisager un processus *dialogal, dialogique et diatopique* de reconstruction sociopolitique. En effet, le travail interdisciplinaire commencé ici, appelle une ingénierie socio-institutionnelle croisée et intégrative, fondée sur la diplomatie internationale du droit humanitaire et des droits de l'Homme. Les droits fondamentaux et humanitaires seraient ainsi convoqués comme principes médiateurs et comme cadre analyseur d'efficacité. Enfin, pour la paix durable en Centrafrique, comme nous y invite indirectement cette étude, nous devons viser, en leçons d'indivisibilité et de complexité, des dynamiques de *reliance* poïétique entre les ordres du sociopolitique « enculturé », de l'étatique « syncrétique » et de l'interétatique « fractal ». Cette compréhension invite à la conception et l'institution patiente et engagée d'une paix durable entretenue par des mécanismes divers et globaux de gestion des conflits dans les nécessaires suivants :

- une nécessaire dialectique irréductible entre la paix et les conflits, en dépassement de leur apparente opposition binaire,
- une nécessaire considération que les violations flagrantes et massives constituent des indicateurs dynamiques de désintégration de l'ordre étatique,

appelant une intervention engagée des acteurs interétatiques, régionaux et mondiaux, agissant dès les indices d'alerte,

- une nécessaire conscience, paraphrasant Boutros Boutros Ghali et son Agenda pour la paix, que la souveraineté absolue et exclusive a vécu, les dirigeants politiques devant désormais agir en conciliant la direction des affaires intérieures avec les bonnes et responsable régulations des relations internationales dans un monde co-dépendant,
- une nécessaire convergence, en droit post conflictuel, des droits de l'homme, du droit humanitaire et du droit interétatique, dans une approche intégrée et intégrale des droits fondamentaux, y compris le droit au développement durable, et en nécessaire cohésion des politiques publiques internationales,
- une nécessaire cohérence entre ordre juridique et ordre sociopolitique et économique, appelant à de nouvelles conceptions et interprétations du droit et du politique, aux chantiers transdisciplinaire appliqués du droit, à une conception normative à échelle mobile du droit international et du droit global, ces derniers pensés en tant que principes et institués de façon clinique et socio-légale pour favoriser la dynamique de changement social.

Didier Prince-Agbodjan
Maître de conférences en droits fondamentaux
Chercheur en droit social fondamental et éthique appliquée

Introduction

« Les souffrances infligées à un grand nombre de civils dans les situations de conflit résultent de l'instabilité, à laquelle il arrive qu'elles ajoutent, et contribuent dans certains cas à la recrudescence des affrontements... Ayant à l'esprit la responsabilité principale du maintien de la paix et de la sécurité internationales qui lui incombe, il [le Conseil de sécurité] affirme que la communauté internationale se doit d'aider et de protéger les populations civiles touchées par les conflits armés[1]». Cette déclaration du Président du Conseil de sécurité des Nations Unies, à la 3978ème séance dudit organe, portant sur la « protection des civils touchés par les conflits armés », illustre bien l'une des idées qui sous-tendent la nécessité pour l'Organisation des Nations Unies (ONU) de protéger les civils dans le cadre des Opérations de maintien de la paix (OMP).

Au lendemain de la Deuxième Guerre mondiale, alors que les atrocités contre le genre humain étaient encore vives et hantaient tous les esprits, la Société des Nations (SDN) s'éclipsa pour laisser sa place à l'Organisation des Nations Unies (ONU). L'ONU, « afin de préserver les générations futures du fléau de la guerre[2] », s'engageait résolument à « réaliser la coopération internationale [...] en développant et en encourageant le respect des droits de

---

[1] Déclaration du Président du Conseil de sécurité, S/PRST/1999/6 (12 février 1999).

[2] Charte des NU du 26 juin 1945, préambule § 1

l'Homme et des libertés fondamentales »[3]. Pour parvenir au maintien de la paix et de la sécurité internationales, la Charte interdit aux États de recourir à la menace ou à l'emploi de la force dans leur relation sauf dans l'intérêt commun ou en cas de légitime défense[4] et érige à son chapitre VII, le Conseil de sécurité (CS) en organe de police.[5] Par conséquent, si le Conseil de sécurité « constate l'existence d'une menace contre la paix, d'une rupture de la paix ou d'un acte d'agression »[6], il peut décider toutes mesures qu'il jugerait nécessaires[7]. Le pouvoir de constatation de ces trois situations lui appartenant trouve ses origines dans une légitimation collective, qui lui a été donnée par les États dans l'article 24, paragraphe 1 de la Charte.

Toutefois, juste après sa mise en place, l'application de ce système de sécurité collective a été paralysée par la polarisation du monde autour de deux blocs. En effet, les intérêts divergents entre les deux blocs antagonistes pendant la Guerre froide ont conduit à l'utilisation abusive et intempestive du droit de veto[8]. Devant les difficultés du Conseil de Sécurité face au conflit nord-coréen, l'Assemblée générale des Nations Unies, à travers la

---

3 *Ibid.*, Art 1 §3.

4 *Ibid.*, art 51

5 KOKOROKO (D.), « La nécessité devant le Conseil de sécurité des Nations Unies », *Afrilex*, 2013, p 2. ; LAGRANGE (Ph.), « Le Conseil de sécurité et l'autorisation de prendre toutes les mesures nécessaires », *Les Annales de Droit*, PURH, n° 1/2007, pp. 199-257

6 Charte des Nations Unies, article 39

7 *Ibid.,* article 42

8 SLIM (H.), « La Charte et la sécurité collective : De San Francisco à Baghdad », », *in* SFDI, *Les métamorphoses de la sécurité collective : droit, pratique et enjeux stratégiques,* Paris, Pedone, 2005, pp. 13-32.

résolution « Acheson » du 3 novembre 1950[9] et sur la base de l'article 12 de la Charte, se reconnaît compétente en matière de sécurité collective, du moment où le Conseil est paralysé par un veto et qu'il ne peut plus remplir ses fonctions[10]. Comme le disait si bien le Professeur Virally : « L'Assemblée générale s'estimait habilitée, en cas de carence du Conseil de sécurité, à se substituer à ce dernier, en dépit des termes restrictifs de l'article 11 §2 in fine, et à décider à sa place des mesures collectives du type de celles prévues au chapitre VII[11] . »

C'est donc dans ce contexte que naquit véritablement, la première opération de maintien de la paix (OMP), la FUNU I, déployée en 1956 pour répondre à la crise de Suez[12]. Il s'agissait d'une mission composée

---

9 À l'initiative du Secrétaire d'État américain Dean Acheson, elle est aussi connue sous le nom de La résolution 377 (V) « Union pour le maintien de la Paix ».

10 MARCHISIO (S.), « Le rôle de l'Assemblée générale dans le maintien de la paix et de la sécurité internationales », *in* SFDI, *Les métamorphoses de la sécurité collective : droit, pratique et enjeux stratégiques,* op.cit., pp. 95-108.

11 VIRALLY(M), *L'Organisation mondiale*, Armand Colin, 1972, p. 475

12 Comme le souligne Alexandra NOVOSSELOFF, « le Secrétariat des Nations Unies fait commencer le « maintien de la paix » en 1948, date des premières missions d'observation (UNMOGIP et ONUST). Il est cependant plus juste de dater le début réel de cette pratique au moment de l'invention de ce concept par le Secrétaire général, lors de la crise de Suez et de la mise sur pied de la Force d'urgence des Nations Unies en 1956 » ; NOVOSSELOFF (A), « Dix ans après le rapport Brahimi sur les opérations de paix des nations unies quel bilan d'une décennie de réformes ? », *Annuaire français de relations internationales,* volume XI, 2010, pp 225-243. ; Voir également DURCH (W.), BERCKMAN (T.), « Définition et délimitation des opérations de paix », *in* COULON (J.) (*dir.*), *Guide du maintien de la paix*, Montréal, 2006, pp. 17-47.

d'observateurs militaires non armés et de soldats munis d'armes légères dont le rôle consistait essentiellement à surveiller la situation sur le terrain. L'objectif de l'ONU était avant tout de maintenir les cessez-le-feu et de stabiliser les situations sur le terrain en assurant un appui crucial aux efforts politiques de règlement des conflits par des moyens pacifiques (Chapitre VI de la Charte). Ce mécanisme apparu donc en marge de la Charte, mais fidèle à son esprit et justifié par sa nécessité, reposait sur trois principes clairs et bien définis : le principe du consentement des parties, le principe de l'impartialité des Casques bleus et le principe du non-recours à la force sauf en cas de légitime défense[13]. Parallèlement aux OMP *stricto sensu,* et compte tenu du fait que l'ONU ne dispose pas de force armée propre pour imposer la paix[14], le Conseil de sécurité a régulièrement « choisi d'habiliter ou d'autoriser certains États, lorsque les conditions politiques le permettaient, à utiliser la force pour le faire à sa place et en son nom »[15]. Ce second mécanisme, dit

13 Assemblée générale des Nations Unies (AGNU), « Étude sommaire sur l'expérience tirée de la création et du fonctionnement de la force », A/3943, 9 octobre 1958.

14 Les articles 43 et 46 de la Charte des Nations Unies qui prévoyaient la mise à disposition du CS des forces armées et un Comité d'état-major sont restés lettre morte. Comme l'affirme le Professeur Philippe LAGRANGE, « *une telle situation s'explique par des considérations politiques, et notamment par la volonté de toutes les grandes puissances de ne pas « se laisser ligoter » par le véto d'une autre, mais aussi et surtout par un souci plus général d'efficacité dans l'action ...* », voir *idem,* « Sécurité collective et exercice par le Conseil de sécurité du système d'autorisation de la coercition », *in* SFDI, *Les métamorphoses de la sécurité collective : droit, pratique et enjeux stratégiques,* Paris, Pedone, 2005, pp 53 – 94.

15 LAGRANGE (Ph.), « Sécurité collective et exercice par le Conseil de sécurité du système d'autorisation de la coercition », *in* SFDI, *Les* .../...

« d'habilitation » ou « d'autorisation » des forces multinationales, apparaît aussi comme un palliatif à l'absence d'une force armée au sens de l'article 43, mais avec un contrôle limité du CS. À l'origine, les opérations de maintien de la paix, contrairement aux opérations habilitées, étaient non coercitives. Cependant, elles ont connu une transformation progressive depuis la fin de l'équilibre de la terreur entre les deux blocs. Désormais, ces opérations de maintien de la paix peuvent se faire aider par des opérations habilitées dans leur mission et peuvent recourir à l'usage de la force pour la défense du mandat[16]. C'est bien en cela que les OMP perdent leur homogénéité en se rapprochant dans certains de leur lien des opérations habilitées [17]. À ce propos, le Professeur Rafâa Ben Achour affirmait que « depuis 1989, la notion d'OMP a perdu son unité, son homogénéité et sa cohérence [18]. D'ailleurs, l'intitulé officiel du *Rapport Brahimi*[19] est assez révélateur de cette métamorphose : « Rapport du Groupe d'étude sur

---

métamorphoses de la sécurité collective : droit, pratique et enjeux stratégiques, op.cit., p. 57.

16 Département des opérations de maintien de la paix de l'ONU et Département de l'appui aux missions (DOMP/DAM), *Opérations de maintien de la paix des Nations Unies : Principes et Orientations, « Doctrine Capstone »,* 2008.

17 LAGRANGE (Ph), « Sécurité collective et exercice par le Conseil de sécurité du système d'autorisation de la coercition », *in SFDI, Les métamorphoses de la sécurité collective : droit, pratique et enjeux stratégiques, op.cit.,* p.81.

18 BEN ACHOUR (R.), « Des opérations de maintien de la paix aux opérations d'imposition et de consolidation de la paix », *in* Société Française pour le Droit International, *Les métamorphoses de la sécurité collective. Droit, pratique et enjeux stratégiques*, Paris, A. Pedone, 2005, pp. 123-141.

19 A/55/305-S/2000/809, *Rapport du Groupe d'étude sur les opérations de la paix de l'Organisation des Nations unies,* 21 aout 2000, 84p. [Nous avons souligné].

les opérations de paix de l'Organisation des Nations Unies ». Depuis lors, même si la terminologie officielle d'« opérations de maintien de la paix » a survécu, l'expression « opération de paix » est plus usitée par la doctrine, d'autant plus qu'elle rend bien compte de la diversité des opérations entreprises par l'Organisation ; même si la distinction entre les différents types d'opérations s'est considérablement amenuisée[20].

De la création de l'ONU à la fin de la Guerre froide, les préoccupations relatives à la sécurité humaine se sont accrues : la sécurité collective se préoccupe non seulement de la sécurité de l'État, mais aussi celle des personnes à l'intérieur des frontières étatiques[21]. La conception absolutiste de la souveraineté de l'État, attribuant à celui-

---

20 Des OMP dites de « première génération », on est parvenu à celle de « troisième génération ». La « première génération » fait référence aux opérations de maintien de la paix *stricto sensu*, dites traditionnelles ou classiques (Peace keeping) autorisées par le Conseil de sécurité de l'ONU et qui visent à faire respecter un accord de cessez-le-feu préalablement signé entre les parties belligérantes. La « deuxième génération » d'OMP fait référence aux missions de rétablissement ou de restauration de la paix (peace making) qui visent la mise en œuvre de règlements politiques globaux à travers des tâches variées. La « troisième génération » d'OMP fait référence aux missions de consolidation de la paix (peace bulding) qui visent à raffermir la paix afin d'éviter une reprise des hostilités. Aujourd'hui, la distinction entre ces différentes étapes d'actions s'est amenuisée avec les missions multidimensionnelles qui sont à la fois des opérations de rétablissement, de maintien et de consolidation de la paix. Depuis le *rapport Brahimi*, toutes ces étapes forment un tout indissociable. NOVOSSELOFF (A.), « Dix ans après le rapport Brahimi sur les opérations de paix des nations unies quel bilan d'une décennie de réformes ? », *op.cit.*

21 MOMTAZ (D.), « La sécurité collective et le droit d'ingérence humanitaire », in Société Française pour le Droit International, *Les métamorphoses de la sécurité collective. Droit, pratique et enjeux stratégiques*, Paris, A. Pedone, 2005, pp. 131-141.

ci une compétence exclusive et pleine sur les questions relevant des droits de ses gouvernés fut remise en cause. Peu à peu, la question des droits de l'homme est extirpée du domaine réservé de l'État même s'il en garde la responsabilité première[22].

À la fin de la Guerre froide, de nombreux conflits intra étatiques aux acteurs multiples et parfois difficiles à identifier ont vu le jour avec pour point commun, la violation du Droit international humanitaire (DIH) et du Droit international des droits de l'homme (DIDH). À ce propos, le Président du Conseil de sécurité, dans une déclaration du 26 février 1992, note avec préoccupation « l'apparition de crises humanitaires [...] qui constituent des menaces contre la paix et la sécurité internationales ou aggravent les menaces existantes »[23]. La méconnaissance et le non-respect des règles régissant les conflits armés, ont irrémédiablement conduit au massacre de populations civiles dont le sort n'était nécessairement pris en compte dans la première génération des OMP. Même si la protection des populations civiles n'était pas le principal objectif des OMP traditionnelles ; elle s'y trouvait implicitement. Cette protection implicite peut être déduite de l'objectif ultime de ces missions d'observation du cessez-le-feu et peut être également fondée sur le DIH coutumier et le noyau dur des droits de l'Homme, ensemble de principes communs de la protection de la dignité humaine.

L'apparition des premières dispositions internationales relatives à la protection des populations civiles et de leurs

---

22 Voir, Rapport de la Commission Internationale de l'Intervention et de la Souveraineté des États (CIISE), *La Responsabilité de protéger*, Ottawa, Centre de recherches pour le développement international, 2001.

23 Doc. S/25344, 1992.

biens dans les conflits armés renvoie au XIXe siècle, notamment aux Conventions de la Haye de 1899 et de 1907 sur les lois et coutumes de la guerre sur terre [24]. Ces instruments juridiques qui réglementaient la conduite des hostilités avaient pour finalité de réduire les maux de la guerre en définissant les règles de conduite générale aux belligérants, dans leurs rapports entre eux et avec les populations[25]. Avant la prise en compte du sort des civils par les Conventions de la Haye de 1899 et de 1907, la première Convention de Genève du 22 août 1864 et la Déclaration de Saint-Pétersbourg de 1868 n'avaient pour objet que la protection des combattants. Deux raisons essentielles peuvent justifier ce manque d'intérêt initial pour la protection des civils dans les conflits armés : le fait qu'ils étaient moins touchés qu'ils ne le seront plus tard avec le progrès de l'artillerie d'une part et parce qu'ils n'étaient pas les principaux acteurs de la guerre d'autre part. Cependant, après les Conventions de la Haye de 1907, les atrocités contre l'espèce humaine lors des Première et Seconde guerres mondiales ont inéluctablement conduit à un sursaut de conscience collective non seulement sur l'urgence de renforcer la législation internationale relative à la protection des populations civiles dans les conflits armés, mais aussi sur la nécessité d'adapter celle-ci au contexte changeant des conflits.

---

24 A titre d'exemple, le Règlement concernant les lois et coutumes de la guerre sur terre du 18 octobre 1907 interdit en son article 25 « d'attaquer ou de bombarder, par quelque moyen que ce soit, des villes, villages, habitations ou bâtiments qui ne sont pas défendus » et en son article 28 « de livrer au pillage une ville ou localité même prise d'assaut. »

25 Voir, Convention concernant les lois et coutumes de la guerre sur terre du 29 juillet 1899, préambule §6.

Ayant acquis un caractère coutumier, certaines dispositions de ces conventions de la Haye – qui elles-mêmes résultent de la formalisation de longues traditions antiques et de la codification de certaines lois et coutumes de la guerre[26]- ont été reprises dans les quatre Conventions de Genève de 1949 et leurs Protocoles de 1977 ; piédestal du Droit international humanitaire (DIH). Plus spécifiquement, la quatrième Convention de Genève de 1949 a été consacrée à la protection des personnes civiles en temps de guerre et l'article 3 commun aux quatre Conventions le Protocole II sont relatifs à la protection des victimes dans les conflits armés non internationaux.

Il est donc clair qu'avant la mention expresse de la protection des populations civiles dans les mandats des OMP, elle a déjà été consacrée par le DIH comme étant la conséquence de l'indérogeabilité de certains droits fondamentaux de l'homme, même en temps de conflit armé. Comment les OMP sont-elles parvenues à faire de la protection des populations civiles, une priorité ?

---

26 A ce propos, le Tribunal de Nuremberg a relevé que « les règles de la guerre terrestre contenues dans la Convention [(IV) de La Haye relative aux lois et coutumes de la guerre sur terre du 18 octobre 1907] réalisaient certes un progrès du Droit international. Mais il résulte de ses termes mêmes, que ce fut une tentative pour réviser les lois générales et les coutumes de la guerre, dont l'existence était ainsi reconnue. En 1939, ces règles, contenues dans la Convention, étaient admises par tous les États civilisés et regardées par eux comme l'expression, codifiée, des lois et coutumes de la guerre… ». ; Tribunal militaire international, *Procès des grands criminels de guerre devant le Tribunal militaire international, Nuremberg, 14 novembre 1945 – 1er octobre 1946,* Nuremberg, 1947, vol. I, p. 267. Cette constatation sera reprise par la Cour internationale de justice dans son avis consultatif sur l'affaire de la *Licéité de la menace ou de l'emploi d'armes nucléaires, Avis consultatif du 8 juillet 1996, CIJ. Recueil 1996*, pp. 226-267.

Les rapports du Secrétaire général sur *la chute de Srebrenica*[27] et sur *le génocide au Rwanda*[28] ont établi que les actions traditionnellement menées par les Nations Unies (embargo sur les armements, aide humanitaire, force d'interposition) étaient inefficaces. Or, ce diagnostic avait déjà été établi dans *l'Agenda pour la paix* du Secrétaire général Boutros Boutros-Ghali, où figurait la nécessité de concevoir autrement les opérations de maintien de la paix déployées par l'ONU de telle sorte qu'elles s'adaptent à l'évolution des conflits[29].

Les génocides du Rwanda et de Srebrenica ont donc agi comme des facteurs supplémentaires et aggravants d'éveil de conscience qui ont amené le Conseil de sécurité à prendre sérieusement en compte le sort des civils corsetés dans un conflit en adoptant à l'unanimité, la résolution 1265 dans laquelle il énonçait sa « volonté » d'envisager des « mesures adaptées » en réaction aux « situations de conflit armé où les civils sont ciblés ou encore où l'aide humanitaire aux civils est délibérément entravée » et d'étudier les possibilités de modifier le cadre des opérations de paix pour faciliter la protection des civils en danger[30]. Aussi, le concept de « protection des civils » (PdC) a été spécifiquement et expressément introduit, la même année, dans le cadre du mandat de la Mission des Nations unies en Sierra Leone (MINUSIL) : « Agissant en vertu du Chapitre VII de la Charte des Nations Unies, décide que dans l'accomplissement de son

---

27 Rapport présenté par le Secrétaire général en application de la résolution 53/35 de l'assemblée générale : la chute de Srebrenica, A/54/549, 15 novembre 1999,

28 S/1999/1257, 15 décembre 1999

29 A/47/277-S/24111, *Agenda pour la paix – Diplomatie préventive, rétablissement de la paix, maintien de la paix*, 17 juin 1992, § 50.

30 S/RES/1265 (1999)

mandat la MINUSIL pourra prendre les mesures nécessaires pour assurer la sécurité et la liberté de circulation de son personnel et, à l'intérieur de ses zones d'opérations et en fonction de ses moyens, la protection des civils immédiatement menacés de violences physiques, en tenant compte des responsabilités du Gouvernement sierra léonais et de l'ECOMOG [31] ».

En 2000, *le Rapport Brahimi* [32], dans la continuité de mise en œuvre des transformations avancées dans l'Agenda pour la paix, « se félicit[ait] de l'évolution positive que dénotent le souhait exprimé par le Secrétaire général d'assurer davantage de protection aux civils en situation de conflit armé ainsi que les mesures prises par le Conseil qui tendent à autoriser explicitement les Casques bleus à protéger les civils dans les situations de conflit [et...] présum[ait] en effet, que les soldats ou les policiers de la paix qui assistent à des exactions contre la population civile devraient être autorisés à y mettre fin, dans la mesure de leurs moyens, au nom des principes fondamentaux de l'ONU […][33].

Depuis lors, le concept de protection des civils (PdC) est devenu une tâche essentielle, voire irréductible, confiée aux OMP. En effet, le Conseil de sécurité, en vertu du chapitre VII de la Charte, mandate régulièrement les Casques bleus, de protéger les civils se trouvant dans les limites de leur zone de déploiement, sans préjudicc de la responsabilité principale du gouvernement hôte [34]. Or, de

---

31 S/RES/1270 (1999), 22 octobre 1999, §14

32 A/55/305-S/2000/809, *op.cit.*

33 /55/305-S/2000/809 (2000), op.cit., § 62

34 Entre autres, voir les résolutions : S/RES/1291 (2000) MONUC, S/RES/1509 (2003) MINUL, S/RES/1528 (2004) ONUCI, S/RES/1545 (2004) ONUB, S/RES/1590 (2005) MINUS, S/RES/1542 (2004) MINUSTAH…

toute évidence, l'objectif ne peut être atteint que si l'on définit clairement les contours du terme « civil » accompagnant la « protection » et les débiteurs de cette protection.

En effet, la protection concrète accordée par le DIH à une personne dépend de la catégorie à laquelle elle appartient. Ainsi, les civils et leurs biens sont distingués des militaires et objectifs militaires[35]. Il est manifeste que le DIH définit le concept de « civil » de façon négative, par défaut, ou encore par opposition du « civil » au « militaire » : le « civil » est ce que l'on suppose qu'il n'est pas.

Dans un conflit armé international, « est considérée comme civil, toute personne n'appartenant pas à l'une des catégories visées à l'article 4A, 1 ,2 ,3 et 6 de la troisième Convention de Genève et à l'article 43 du Protocole [I] »[36], c'est-à-dire, toute personne n'appartenant ni aux forces armées en conflit et à leurs corps de volontaires, ni aux milices ou aux mouvements de résistance organisés, ni à une population participant à une levée de masse[37].

---

35 Article 48 du PA I du 8 juin 1977.

36 Article 50 du Protocole additionnel I (PA I) aux Conventions de Genève du 12 août 1949. Cette disposition constitue une norme de droit international humanitaire coutumier au regard de la pratique des États. Voir HENCKAERTS (J-M.), DOSWALD- BECK (L.), *Droit international humanitaire coutumier*, *Vol I : Règles*, Bruxelles, CICR, Bruylant, 2006, (Règle 5) p. 23.

37 Le terme de « levée de masse » en l'espèce, correspond à la situation de « la population d'un territoire non occupé qui, à l'approche de l'ennemi, prend spontanément les armes pour combattre les troupes d'invasion sans avoir eu le temps de se constituer en forces armées régulières, si elle porte ouvertement les armes et si elle respecte les lois et coutumes de la guerre. » Voir, Article 4 A, 6 de la Convention (III) de Genève relative au traitement des prisonniers de guerre. En conséquence, s'ils sont capturés, ils doivent être traités comme des prisonniers de guerre.

En revanche, le DIH conventionnel s'appliquant aux conflits armés non internationaux ne définit expressément pas le concept de civil. En interprétant l'article 3 commun, de bonne foi, suivant le sens ordinaire à attribuer aux termes dans leur contexte et à la lumière de l'objet et du but du DIH[38], on est parvenu à définir la personne civile dans un conflit armé non international comme étant celle qui « ne portent pas les armes »[39] « au nom d'une partie au conflit »[40]. Autrement dit, le civil ne fait partie, ni des membres des forces armées de l'État, ni des membres des groupes armés organisés et ne participe pas au conflit. Ainsi, s'il est aisé d'établir l'appartenance d'une personne à une force armée de l'État, cela l'est moins quand il s'agit des membres d'un groupe armé non-étatique. Dans ce cas, « le critère décisif pour déterminer l'appartenance individuelle à un groupe armé organisé consiste à savoir si une personne assume, pour le groupe, une fonction continue impliquant sa participation directe aux hostilités »[41] c'est-à-dire, une fonction de combat continue.

Pour le Tribunal pénal international pour l'ex-Yougoslavie (TPIY), dans l'affaire *Blaškić* en 2000, les

---

38 Article 31 al.1 de la Convention de Vienne sur le droit des traités.

39 PICTET (J.) (éd.), *Commentaire de la Convention de Genève relative à la protection des personnes civiles en temps de guerre*, Genève, CICR, 1956, « L'article 3 a un champ d'application extrêmement large et vise aussi bien les membres des forces armées que les personnes qui ne prennent pas part aux hostilités. Cependant, dans le cas présent, il est bien entendu que c'est avant tout aux personnes civiles, c'est-à-dire celles qui ne portent pas les armes, que cet article s'applique. » [Nous avons souligné].

40 MELZER (N.), *Guide interprétatif sur la notion de participation directe aux hostilités en droit international humanitaire*, Genève, CICR, 2010, p.30.

41 *Ibid.*, p.35.

civils sont non seulement des personnes qui n'appartiennent pas, mais aussi celles qui n'appartiennent plus, aux forces armées[42]. En l'espèce, la prise en compte des personnes « n'appartenant plus » aux forces armées comme étant eux aussi des civils répond à l'obligation faite aux forces armées par l'article 3 commun, de protéger « les personnes qui ne participent pas directement aux hostilités, y compris les membres des forces armées qui ont déposé les armes et les personnes qui ont été mises hors de combat »[43]. Dans la même affaire, les juges ont estimé que « pouvaient être qualifiées de civiles, les personnes qui, bien qu'elles aient porté des armes, n'ont pas exercé à proprement parler d'activités militaires ». Cette position des juges a pour fondement le rapport de la Commission d'experts, constituée conformément à la résolution 780 du Conseil de sécurité (S/1994/674) d'après lequel, même si, au regard du contexte de guerre dans l'ex-Yougoslavie, « il paraît évident que [l'article 5 du statut du Tribunal international] s'applique d'abord et avant tout aux civils, c'est-à-dire aux non-combattants, il ne faut cependant pas en tirer des conclusions hâtives en ce qui concerne des personnes qui, à un moment donné, ont en fait porté des armes. Le chef de famille qui, dans de telles conditions, essaie de protéger sa famille l'arme à la main ne perd pas pour autant son statut de civil. Tel peut être aussi le cas du policier unique ou du garde de défense locale qui agissent ainsi, même s'ils s'associent pour

42 TPIY, *affaire Le Procureur c. Tihomir Blaškić,* n° IT-95-14-T, jugement du 3 mars 2000, § 211-214. [Nous avons souligné]

43 Voir en ce sens, MELZER (N.), *Guide interprétatif sur la notion de participation directe aux hostilités en droit international humanitaire, op.cit.,* p. 30.

essayer d'empêcher le cataclysme. »[44] Le raisonnement des experts, replacé dans son contexte, n'est pas révolutionnaire ; puisqu'il rejoint l'esprit de l'article 1 du Protocole additionnel II lequel, tout en reprenant le distinguo « civils-forces armés » comme repère de définition, conçoit les forces armées ou groupes armés comme les seuls qui possèdent la fonction et la capacité de mener des opérations militaires continues et concertées.

Par ailleurs, à la condition principale de non-appartenance à une force armée ou groupe armé en conflit, s'ajoute celle complémentaire de la non-participation directe aux hostilités ; pour que la protection accordée au civil par le DIH soit effective. En conséquence, si les combattants peuvent être attaqués jusqu'à ce qu'ils se rendent ou soient mis hors de combat, les civils ne peuvent être visés que pour autant et pendant qu'ils participent directement aux hostilités[45]. En d'autres termes, « les civils bénéficient de l'immunité contre les attaques directes, sauf si elles participent directement aux hostilités et pendant la durée de cette participation[46]. Même si la distinction civil-combattant paraît théoriquement aisée, elle n'est pas pour autant absolue et acquise en pratique. La distinction sur le terrain peut être difficile à opérer d'autant plus que la conversion ou le passage des uns et des autres à l'une ou l'autre des deux catégories est possible ; d'où l'obligation faite aux parties en conflit,

---

44 S/1994/674 (1992), « Rapport final de la Commission d'experts établie en vertu de la résolution 780 du Conseil de sécurité », § 77, 78

45 Articles 51 § 3 PA I et 13 § 3 du PA II

46 Voir, Règle 6, HENCKAERTS (J-M.), DOSWALD- BECK (L.), *Droit international humanitaire coutumier, Vol I : Règles*, *op.cit*, p.27. Voir également, MELZER (N.), *Guide interprétatif sur la notion de participation directe aux hostilités en droit international humanitaire, op.cit.*, p. 22

d'appliquer et de respecter les principes de distinction et de précaution dans la conduite des hostilités.

Somme toute, qu'il s'agisse d'un conflit armé international ou non international, la définition du concept de civil prend en compte le caractère inoffensif des personnes que l'on désire épargner et la situation dans laquelle elles se trouvent, peu importe leur nationalité[47]. Prises collectivement, les personnes civiles forment la « population civile »[48]. En cas de doute ou de présence au sein de la population civile, de personnes isolées ne répondant pas à la définition de personne civile, cette population conserve sa qualité et doit être considérée comme non-combattante[49].

Quant à la notion de protection, il existe plusieurs approches conceptuelles qui diffèrent selon qu'il s'agisse des organismes humanitaires ou des institutions militaires.

Les organismes humanitaires développent « l'approche axée sur les droits » c'est-à-dire la protection en termes d'assistance à la réalisation des droits de la personne et des normes juridiques. Les institutions militaires, en revanche, développent une « approche axée sur la sécurité physique », la protection étant conçue en termes restreints de défense physique des civils et de leurs biens ou d'instauration d'un environnement sécurisé[50]. Ainsi, le Département des

---

47 SANDOZ (Y.) et al. (éd.), *Commentaire des Protocoles additionnels du 8 juin 1977 aux Conventions de Genève du 12 août 1949*, Genève, CICR, 1987, p.623.

48 Article 50 al.2 du PA I du 8 juin 1977.

49 Article 50 §.3 PA I. Entre autres, voir la Déclaration du Délégué russe Frederic Fromhold Martens à la Conférence de La Haye de 1899, dite « clause de Martens ».

50 WILLIAMS (P. D.), « Renforcer la protection des civils dans les opérations de maintien de la paix : regard sur l'Afrique », *Papier de recherche du Centre d'études stratégiques de l'Afrique N°1*, septembre 2010, p.17.

opérations de maintien de la paix (DOMP) définit la PdC comme « toutes les mesures nécessaires, incluant le recours à la force, qui ont pour but de prévenir les menaces de violence physique visant les civils ou d'y réagir, en fonction des moyens et à l'intérieur des zones d'opérations, et sans porter atteinte à la responsabilité que le gouvernement du pays hôte a de protéger ses civils [51]» (approche axée sur la sécurité physique), tandis que le Comité permanent inter organisation (IASC en anglais) la définit comme étant « all activities aimed at ensuring full respect for the rights of the individual in accordance with the letter and spirit of the relevant bodies of law, i.e. human rights law, international humanitarian law and refugee law [52]» (approche axée sur les droits).

La protection des civils dans le cadre des opérations de maintien de la paix vise à préserver la vie, la sécurité, l'intégrité physique et morale et la dignité des personnes affectées par un conflit. Même si certains ont pu considérer la PdC comme étant le résultat final du maintien de la paix, et qu'elle est ainsi redondante en tant que tâche mandatée de façon distincte[53], cette redondance n'est pas inutile pour une approche opérationnelle plus adaptée à l'urgence de la protection des civils de façon générale et à certaines

---

51 DOMP/DAM, *Protection des civils : mise en œuvre des lignes directrices applicables aux composantes militaires des missions de maintien de la paix des Nations Unies*, Nations Unies, New York, février 2015, p. 3.

52 Définition de l'IASC en 1999, citée dans, UK Foreign and Commonwealth Office, *UK Government Strategy on The Protection of Civilians in Armed Conflict*, mars 2010, p 3.

53 Voir « Concept opérationnel DOMP/DAM relatif à la protection des civils dans le cadre des opérations de maintien de la paix des Nations Unies » reproduit dans, MANTON (R.), *Protection des civils*, Cour de l'Institut de formation aux opérations de paix (POTI), 2014, p. 79.

catégories de personnes comme les enfants[54], les femmes[55], les journalistes[56], les réfugiés[57] et le personnel humanitaire en particulier.

La protection des civils incombe aussi bien aux acteurs étatiques qu'aux acteurs non étatiques. La prise de conscience collective de la nécessité et de l'obligation de protéger les civils a beaucoup contribué à l'évolution du droit international humanitaire ces dernières années à travers le droit pénal international et les juridictions pénales internationales[58].

Par ailleurs, à partir de 2005, la référence au Chapitre VII de la Charte par le Conseil de sécurité et au concept de *la responsabilité de protéger*[59] *(R2P)* dans ses résolutions

---

54 S/RES/1314 (2000), S/RES/1612 (2005) « les enfants et les conflits armés » ; voir article 38 de la Convention relative aux droits de l'enfant de1989 ; article 77 du protocole I de 1977, voir les résolutions de l'AGNU : 49/209 ; 49/210 ; 49/211 ; 49/212 du 23 décembre 1994…

55 S/RES/1325 (2000), S/RES/1820 (2008) « les femmes, la paix et la sécurité » ; voir article 76 du protocole I additionnel aux Conventions de Genève…

56 S/RES/1738 (2006) ; Article 79 du protocole I additionnel aux Conventions de Genève

57 Quatrième Convention de Genève de 1949 ; article 73 du protocole I additionnel aux Conventions de Genève.

58 Nous pensons notamment au statut de Rome de 1998, entré en vigueur en 2002, portant création de la Cour pénale internationale.

59 Le concept de « Responsabilité de protéger » (R2P), héritier du « droit d'ingérence humanitaire », proposé par Bernard Kouchner alors secrétaire d'État à l'action humanitaire et par le juriste Mario BETTATI dans les années 1990, est l'aboutissement des travaux de la Commission Internationale de l'Intervention et de la Souveraineté des États (CIISE), mise en place à l'initiative du Gouvernement canadien et qui a rendu son rapport en septembre 2001. Voir, Rapport de la CIISE, *La Responsabilité de protéger*, *op.cit.*, Certaines des …/…

relatives à *la protection des civils*[60], a conduit la doctrine à s'interroger sur l'existence d'un lien entre ces deux notions[61]. Même s'ils partagent le même fondement qui est celui de la protection des populations civiles, il est important de relever que les deux concepts revêtent chacune, des aspects particuliers et importants dont on ne peut faire l'économie. La différence se manifeste à un double niveau, notamment, du point de vue de leur nature et de leur champ d'application.

D'abord, pour ce qui est de leur nature, la PdC est un concept juridique qui découle du droit international des droits de l'homme et du droit international humanitaire, tandis que la R2P est un concept initialement politique qui procède de la volonté des États et consignée dans le Document final du sommet de 2005[62]. Ensuite, leur champ d'application n'est pas le même, car la PdC répond à la violation du DIDH et du DIH en période de conflit ou violences armées, alors que la R2P ne s'applique qu'aux violations qui constituent des crimes de guerre, des crimes contre l'humanité ou des crimes de génocide ou de nettoyage ethnique ; sans pour autant que ces violations aient lieux en période de conflit armé[63]. Enfin, une opération de maintien de la paix ayant pour mandat la protection des civils tient nécessairement compte des principes cardinaux des OMP définis dans la « doctrine

---

propositions du rapport ont été reprises par la Résolution A/RES/60/1 de l'AG des Nations Unies au sommet mondial de 2005.

60 La résolution 1674 (2006) relative à la Protection des civils dans les conflits armés évoquait explicitement le concept de *responsabilité de protéger* tel qu'il avait été inséré aux paragraphes 138 et 139 du Document final du Sommet mondial de 2005.

61 HAJJAMI (N.), L*a responsabilité de protéger,* Bruylant, 2013, pp.432-435

62 Document final du Sommet mondial de 2005, A/RES/60/1, 16 déc. 2005, § 138, 139.

63 Rapport du Secrétaire général sur la protection des civils dans les conflits armés, S/2012/376, 22 mai 2012, para.21.

Capstone » tandis qu'une opération déployée sur la base de la R2P est souvent de nature interventionniste sans la prise en compte préalable desdits principes[64].
C'est donc dans l'optique de protéger les civils au moyen d'une OMP, que le Conseil de Sécurité autorisa par sa résolution 2149 du 10 avril 2014, le déploiement de la Mission multidimensionnelle intégrée de stabilisation des Nations Unies en Centrafrique (MINUSCA), dans cet État « fragile », perpétuellement plongé dans des crises sociopolitiques. Le conflit qui éclata en 2013 en RCA et l'instabilité remarquable qui a suivi sont la somme de multiples crises cycliques internes qu'a connu le pays ces deux dernières décennies ; des répercussions des crises dans les pays voisins, notamment, en République démocratique du Congo (RDC), le Tchad, l'Ouganda, le Soudan, et surtout l'échec des multiples opérations de paix déployées dans ce pays depuis au moins 20 ans. De façon générale, une Mission multidimensionnelle est essentiellement chargée d'abord de « créer un milieu sûr et stable tout en renforçant la capacité de l'État d'assurer la sécurité dans le respect de l'état de droit et des droits de l'homme », ensuite de « faciliter le processus politique en promouvant le dialogue et la réconciliation et en appuyant la création d'institutions de gouvernance légitimes et efficaces », enfin de « servir de cadre pour assurer que tous les acteurs relevant des Nations Unies et les autres acteurs internationaux mènent leurs activités dans le pays

---

64 À titre d'exemple, voir S/RES/1973 (2011), « La situation en Jamahiriya arabe libyenne », du 17 mars 2011 ; Voir aussi HOLT (V.), BERKMAN (T.), *The Impossible Mandate ? Military Preparedness, the Responsibility to Protect and Modern Peace Operations*, Centre Henry L. Stimson, 2006, p.3.

de façon cohérente et coordonnée[65] ». Outre ces fonctions essentielles, le mandat de la MINUSCA, faisait spécifiquement mention de la protection des civils comme étant une tâche prioritaire. Toutefois, cette tâche s'est révélée extrêmement compliquée à mettre en œuvre pour plusieurs raisons. C'est ainsi, qu'en dépit des actions aussi bien individuelles que concertées avec d'autres acteurs en place, il ressort régulièrement de l'examen de la situation, consigné dans les rapports du Secrétaire général des Nations unies que : « La protection des civils demeure une préoccupation majeure et l'État n'a pas suffisamment de moyens pour empêcher que ne surgissent des problèmes ou intervenir. En outre, dans tout le pays, la criminalité, le banditisme et les graves violations des droits de l'homme par des groupes armés continuent de représenter une menace pour les civils ; la situation du point de vue des droits de l'homme demeure préoccupante et la situation humanitaire demeure désastreuse[66] ».

Ce constat devient plus déconcertant lorsque les Casques bleus en viennent à commettre eux aussi de graves crimes et des actes d'inconduite contre les populations qu'ils ont pour mandat de protéger ; sans qu'ils soient véritablement sanctionnés.

Ces observations suscitent plusieurs interrogations majeures : quel est le cadre normatif régissant la PdC dans les opérations de paix des Nations Unies ? Quels sont les facteurs juridiques, politiques et opérationnels qui limitent l'efficacité de la protection des civils en RCA ? De cette série de questions générales découlent d'autres questions subséquentes : comment le mandat de protection des civils est-il mis en œuvre ? Qu'est-ce qui justifie ce résultat peu

65 Nations Unies, DOMP, DAM, *Opérations de maintien de la paix des Nations Unies : Principes et Orientations*, 2008, p. 25.

66 S/2016/824 du 29 septembre 2016, § 12, 25, 28, 37.

satisfaisant ? La Mission dispose-t-elle de ressources nécessaires ? Comment rendre efficace et efficiente la mission de protection des civils dans ce pays ?

Afin de mener à bien notre réflexion, une hypothèse générale, elle-même, déclinée en trois hypothèses plus spécifiques, nous servira de fil conducteur.

Compte tenu de la fragilité permanente de l'État centrafricain, la protection des civils y a toujours été un défi pour les multiples opérations de paix (au moins 12) qui s'y sont succédé avant le déploiement de la MINUSCA. Malheureusement, la déliquescence avancée des institutions étatiques sur lesquelles toutes ces missions de paix auraient pu s'appuyer, a été l'obstacle majeur à la protection des populations civiles ; même si toutes n'avaient pas pour tâche prioritaire la PdC. On peut légitimement se demander si la MINUSCA sera-t-elle la dernière et la plus appropriée.

D'abord, la difficile protection des civils dans ce pays est liée à plusieurs obstacles structurels et opérationnels qu'il est nécessaire d'appréhender. Ensuite, en dépit des échecs des missions antérieures et des difficultés que rencontre la MINUSCA, il est important de rappeler que ses contributions sont indispensables pour le retour à la paix. Enfin, il convient d'insister sur le principe selon lequel au-delà du rôle que joue la MINUSCA, c'est à l'État centrafricain que revient la responsabilité première de protection des civils.

Ainsi, dans une démarche à la fois analytique et descriptive, il nous reviendra de décortiquer ce concept juridique, en le présentant tel qu'il est, à travers ses fondements, son contenu et la façon dont il est mis en œuvre. De toute évidence, cette approche repose sur le droit positif. Par droit positif, nous entendons le droit international contemporain, dont fait partie intégrante le droit de l'Organisation (Charte des Nations Unies, décisions des différents organes...). C'est donc à l'aune des fondements juridiques du concept que nous allons évaluer, *in fine*, grâce à une approche critique[67], la conformité de la pratique de la PdC au droit international. En outre, nous mobiliserons la sociologie du droit et des organisations internationales pour tenter d'expliquer l'impact, aussi bien réducteur, qu'amplificateur des facteurs sociaux et politiques sur la mise en œuvre des mandats de PdC.

Même s'il est indéniable que la protection des civils dans les opérations de paix des Nations Unies procède de la volonté des États, il est important de ne pas perdre de vue que cette volonté a été mue par des considérations de solidarité sociale internationale dont on ne peut faire fi ; d'où la prise en compte de l'approche volontariste, mais surtout objectiviste dans cette étude.

L'intérêt de ce sujet procède de plusieurs considérations dont deux au moins méritent une attention particulière. Sur le plan théorique, notre étude tente une analyse critique de la mise en œuvre du mandat de protection des civils sur le terrain. Cette analyse est importante d'autant plus que les taches à réaliser sont toutes prioritaires et concurrentes face à une population qui a des attentes urgentes. Cela s'avère nécessaire surtout qu'il ressort de l'observation attentive de la situation au Congo (MINUSCO) et au Mali (MINUSMA) que l'effectivité de la protection des civils est subordonnée à plusieurs facteurs qui peuvent différer d'un État à un autre

---

67 « L'approche critique est une approche du droit international caractérisée par le souci de dépasser le formalisme juridique au profit d'une mise en relation du phénomène juridique avec la réalité sociale et, en particulier, avec les contradictions qui la caractérisent », SALMON (J.) (dir.), *Dictionnaire du droit international public,* Bruxelles, Bruylant, AUF, 2001, p.290.

et donc nécessitant une approche opérationnelle spécifique à chaque cas. Au-delà de ces aspects, cette étude qui se focalise sur la protection des civils par la MINUSCA (champ matériel), au cours des trois premières années de son déploiement[68] (champ temporel), permet de ressortir le décalage qui peut exister entre ces attentes et les tâches de la Mission ; surtout qu'on est en présence de populations qui souvent finissent par substituer la Mission à l'État du fait de la défaillance de cette dernière. La portée pratique de l'exercice réside dans son utilité pour tous les acteurs, aussi bien professionnels qu'universitaires, en nourrissant leur réflexion sur le perfectionnement des moyens déjà mis en œuvre, à travers la mise en exergue du rôle qui doit être dévolu aux acteurs internationaux en général et aux Centrafricains en particulier.

Pour répondre aux différentes questions sues énumérées, notre démarche consiste à évaluer la contribution de la MINUSCA à la PdC, à travers l'analyse en tant que telle du contexte et des moyens mis en œuvre (Première partie), afin d'identifier les forces et les faiblesses qui nous permettront de réfléchir aux ajustements susceptibles d'améliorer la mission de protection des civils en RCA (Deuxième partie).

---

68 D'avril 2014 à avril 2017. En conséquence, les évolutions du sujet intervenues après cette période ne sont pas examinées dans cet ouvrage, sans toutefois que cela altère l'utilité, la pertinence et « l'actualité » des questions qui y sont examinées.

Partie I. De la nécessité de protection des civils par la MINUSCA

Les droits de l'homme ont été considérés pendant longtemps comme relevant du domaine réservé et exclusif de l'État. Cette idée du droit de monopole et d'exclusivité de l'État sur toute question relative aux droits de ses citoyens est elle-même consubstantielle à la conception absolutiste de la souveraineté des États en droit international public[69]. Cependant, cette conception s'est progressivement amenuisée au point d'enlever à l'État souverain, la compétence « exclusive » en matière de droits de l'homme. C'est ce que témoigne cette affirmation des professeurs Jean-Pierre Cot et Alain Pellet : « Relevant jusqu'alors, par excellence, de la "compétence exclusive" des États [...], les droits de l'homme ne peuvent plus être ignorés de la sphère internationale dès lors que leur négation par les Puissances de l'Axe est tenue pour l'une des causes principales de l'éclatement du conflit ; la réalisation du premier des buts des Nations Unies, le maintien de la paix et de la sécurité internationales, exige le respect des droits fondamentaux de la personne humaine, institué, lui aussi, en objectif essentiel de l'organisation tant par l'alinéa 2 du préambule que par l'article 1er, paragraphe 3, de la Charte [70] . » Cette nouvelle donne est la conséquence de l'universalité des droits de l'homme affirmée dans la Charte des Nations Unies de 1945. Très tôt, on observe l'établissement de lien

69 Sur ce sujet, voir ARCARI (M), « Maintien de la paix et protection des droits de l'homme : l'action du Conseil de sécurité des Nations Unies », *Perspectives Internationales et Européennes*, n° 1, [en ligne], article disponible à : http://revel.unice.fr/pie/?id=31 , consulté le 7 janvier 2017

70 COT (J-P.) et PELLET (A), *La Charte de l'O.N.U., commentaire article par article,* Bruxelles/ Paris, Economica/Bruylant, 1985, p.12

entre la paix et l'ensemble des droits de l'homme[71], considérés comme interdépendants et indivisibles en ce sens qu'une atteinte aux droits de l'homme constitue une menace pour la paix.

Avec ces évolutions relatives à la responsabilité des droits de l'homme sur la scène internationale, l'État est désormais évalué sur la base de sa capacité à pouvoir protéger les droits de l'homme. Par conséquent, le non-respect par l'État de sa responsabilité première de protéger les populations vivant sur son territoire contre toute violation massive des droits de l'homme, peut faire l'objet de mesures du Conseil de sécurité, à qui revient le rôle principal de maintien de la paix et de la sécurité internationales. L'une de ces mesures est l'autorisation d'une opération de maintien de la paix. Comme l'affirmait le Groupe de personnalités de haut niveau sur les menaces, les défis et le changement, dans son rapport intitulé « Un monde plus sûr : notre affaire à tous » en 2004 : « Trois principales raisons plaident en faveur de la sécurité collective. Les menaces actuelles ne connaissent pas de frontières, elles sont liées entre elles, et elles nécessitent une action aux niveaux tant mondial et régional que national. Aucun État, si puissant soit-il, ne peut seul se mettre entièrement à l'abri des menaces d'aujourd'hui. On aurait en effet tort de penser que tous les États seront toujours en mesure d'assumer leurs responsabilités, à savoir protéger leurs citoyens et ne pas nuire à leurs voisins, ou qu'ils seront disposés à le faire[72] ».

---

[71] Voir Commission des droits de l'homme, Résolution 5 (XXXII), 27 févr. 1976 : La Commission conçoit le droit à la paix comme le droit de toute personne de vivre dans des conditions de paix et de sécurité internationales et de pleinement jouir des droits économiques, sociaux et culturels ainsi que des droits civils et politiques.

[72] A/59/565, p. 11.

Dans cette première partie consacrée à la MINUSCA dans sa mission principale de protection des civils en République centrafricaine, il convient de préciser les éléments de contexte qui justifient une telle intervention (Chapitre 1), ce qui nous permettra d'examiner les actions de l'intervention (Chapitre 2).

Chapitre I.
Contexte critique de la RCA

Si selon les termes de Georges Burdeau, l'État est le titulaire abstrait et permanent du pouvoir, dont les gouvernants ne sont que des agents d'exercice passagers[73] ; en RCA, la réalité est tout autre : l'État est le titulaire abstrait et permanent de la violence armée, dont les gouvernants successifs n'ont été que des avides de pouvoirs et de richesses. Le monopole de la violence physique n'y a rarement été que légitime ; n'en déplaise à Max Weber. Avec une population à laquelle les gouvernants ne peuvent assurer un minimum de sécurité et de droits, un territoire sur lequel ils peinent à étendre leur autorité, « l'État [74]» du point de vue du Droit constitutionnel a par moment été une illusion dans ce pays. Non seulement l'autorité politique n'y a jamais été exclusive, mais il n'a pu aussi assurer ses fonctions politiques classiques d'État gendarme ou d'État providence.

---

73 BURDEAU (G.), *Droit Constitutionnel et Institutions Politiques*, Paris, L.G.D.J., 1977, p.13.

74 L'État en Droit constitutionnel, est constitué de 3 éléments essentiels : un élément personnel qui est la population, un élément matériel qui est le territoire et un élément juridique qui est l'autorité politique exclusive ou la souveraineté. Voir GICQUEL (J.), GICQUEL (J-E.), *Droit constitutionnel et institutions politiques*, L.G.D.J, 30e éd., 2016-2017, p. 65.

La crise de 2013, une énième d'une longue série (Section II), n'est que la conséquence de la fragilité de cet État qui n'a que trop duré (Section I).

SECTION I. LA FRAGILITÉ DE L'ÉTAT CENTRAFRICAIN

L'Afrique est considérée par le Fragile States Index comme le continent le plus touché par la fragilité étatique. Six des huit premiers États les plus fragiles du monde s'y trouvent. La RCA occupe la troisième place après la Somalie et le Soudan du Sud [75]. Les crises récurrentes dans la région des Grands Lacs font de l'Afrique centrale, l'une des régions les plus touchées par ce phénomène. La notion d'« État fragile » est une notion subjective dont l'utilisation ne fait pas l'unanimité en Relations internationales[76]. En effet, comme le rapporte Jean-Marc Châtaigner, « certains y voient le retour d'une approche néo-colonialiste, permettant aux États occidentaux de masquer leurs propres poches de fragilité et de continuer à justifier leur interventionnisme dans les affaires internes des pays en voie de développement[77] ».

Les États fragiles présentent donc des caractéristiques différentes ; d'où la complexité des approches et des

---

75 Voir http://fsi.fundforpeace.org/rankings-2016 , consulté le 27/12/16.

76 Sur l'origine, les définitions et le consensus autour de cette notion, voir DAVIRON (B.), GIORDANO (T.), « États fragiles : genèse d'un consensus international », *in* CHÂTAIGNER (J-M.), MAGRO (H.) (*dir*), *États et sociétés fragiles, entre conflits, reconstruction et développement,* Paris, Karthala, 2007, pp. 23-40.

77 CHÂTAIGNER (J-M.), MAGRO (H.), « Introduction », *in* CHÂTAIGNER (J-M.), MAGRO (H.) (*dir*), *Etats et sociétés fragiles, entre conflits, reconstruction et développement,* Paris, Karthala, 2007, p. 11.

définitions. En effet, tandis que certains États fragiles sortent de conflits, d'autres traversent une profonde crise politique, sociale ou économique.

Pour le Comité d'aide au développement (CAD) de l'Organisation de coopération et de développement économiques (OCDE), « un État est fragile lorsque le gouvernement et les instances étatiques n'ont pas les moyens et/ou la volonté politique d'assurer la sécurité et la protection des citoyens, de gérer efficacement les affaires publiques et de lutter contre la pauvreté au sein de la population » [78]. Quant à l'Agence américaine pour le développement international (USAID), l'État fragile fait référence à la grande catégorie des États défaits, défaillants et en rémission divisée en États vulnérables et en États de crise[79]. Ainsi, pour l'Agence, « les États vulnérables sont ceux qui sont incapables ou qui ne veulent pas adéquatement assurer la provision de sécurité et de services essentiels à de larges segments de leur population et où la légitimé du gouvernement est remise en question ; les États en crise sont ceux où le gouvernement central n'exerce pas de contrôle véritable sur son propre territoire ou ne veut/peut pas assurer la provision de services essentiels dans de larges zones du territoire national où la légitimité du gouvernement est soit

---

[78] OCDE /CAD, *Concepts et dilemmes pour le renforcement de l'État dans les situations de fragilité, De la fragilité à la résilience,* Paris, OCDE, 2008, p. 19.

[79] DAVIRON (B.), GIORDANO (T.), « États fragiles : genèse d'un consensus international », *in* CHÂTAIGNER (J-M.), MAGRO (H.) (*dir*), *Etats et sociétés fragiles, entre conflits, reconstruction et développement, op.cit.,* p. 28.

faible, soit inexistante, et où les conflits armés sont une réalité ou un réel danger[80] ».

Au-delà de la contestation idéologique du concept, des traits caractéristiques communs sont détectables : l'instabilité institutionnelle, la perte de légitimité des gouvernants, la méconnaissance des droits de l'homme. L'incapacité de l'État à faire régner son autorité sur l'ensemble du territoire d'une part et à respecter les droits de l'homme d'autre part, constituent une menace pour lui-même et pour son environnement. Le déficit capacitaire de l'État fragile peut favoriser la multiplication de groupes de contestation qui, pour mener à terme leur lutte, sont susceptibles de recourir aux armes et créer une situation d'instabilité chronique contagieuse. C'est cette conception de la fragilité de l'État qui a pris le dessus dans les Relations internationales après les attentats du 11 septembre 2001. La méconnaissance des droits de l'homme par un État, du fait de sa fragilité ou de sa propre volonté, doublée d'une campagne de discrimination, pourrait entraîner une guerre civile, laquelle provoquerait, entre autres, un flux massif de réfugiés aux frontières, déstabiliser les États voisins et mettre en péril la sécurité régionale voire internationale[81]. En République centrafricaine, la fragilité étatique a toujours été une réalité manifeste (§1), qui n'a guère laissé indifférente la communauté internationale (§2).

---

80 États-Unis, United States Agency for International Development (USAID), *Fragile States Strategy*, Washington, D.C. : USAID, 2005. :; [nous avons souligné]

81 DUBUY (M), « États fragiles et droits de l'homme », *Civitas Europa*, 1/2012 (N° 28), p. 35-54.[en ligne] accessible à http://www.cairn.info/revue-civitas-europa-2012-1-page-35.htm, consulté le 27/12/16.

§ 1. Conceptualisation de la fragilité en RCA

Pays d'Afrique centrale, la RCA couvre une superficie de 623.000 km² sur laquelle sont repartis près de 5, 1 million habitants[82]. Depuis son accession à la souveraineté internationale, le 13 août 1960, le pays n'a jamais su profiter, ni de la diversité de sa population, ni de ses richesses naturelles. Au contraire, l'État a très tôt sombré dans un cycle de violence au grand dam de sa population. Engouffré dans un cercle vicieux de coups d'État répétés, le pays est demeuré pauvre, traversé par une misère sociale et confronté à un défi éternel de reconstruction : « La République centrafricaine est pire qu'un État failli : elle est quasiment devenue un État fantôme, ayant perdu toute capacité institutionnelle significative, du moins depuis la chute de l'Empereur Bokassa en 1979 [83]. » Cette réalité nous amène à nous interroger sur les causes de cette fragilité d'une part (A), et ses manifestations d'autre part (B).

A. Les causes de la fragilité

Un État ne devient pas fragile du jour au lendemain. C'est souvent la conséquence d'un processus de détérioration progressive de l'environnement socio politique et économique qui empêche l'État de se développer. Encore, faut-il que cet environnement soit institué au préalable. Avec un lourd passé colonial peu glorieux dont il n'a pas pu se débarrasser même après les indépendances, l'institutionnalisation du pouvoir politique

---

82 http://www.diplomatie.gouv.fr/fr/dossiers-pays/republique-centra fricaine/presentation-de-la-republique-centrafricaine/, consulté le 26 juin 2017.

83 International Crisis Group, « République centrafricaine : anatomie d'un État fantôme », *Rapport Afrique* n°136, 2007, p. ii

dans ce pays s'est confrontée à plusieurs difficultés. Ainsi, la fragilité en République centrafricaine, comme dans tout autre État défaillant, est due à des facteurs internes et externes. Les causes internes sont endogènes à l'État et résultent des actions des acteurs étatiques (1) tandis que celles externes sont exogènes et leur sont souvent étrangères (2).

1. Les facteurs endogènes : un déficit de gouvernance démocratique

Les causes internes de la fragilité étatique sont celles liées à la gestion institutionnelle qu'en font les autorités étatiques. Nous faisons référence ici à « la capture de l'État par des intérêts privés et au développement d'inégalités horizontales[84] » qui ne favorisent pas un environnement propice à l'épanouissement de tous.

Le Pacte international relatif aux droits civils et politiques (PIDCP) auquel est partie la RCA en 1981, reconnaît et protège à son article 25, le droit de tout citoyen de prendre part à la direction des affaires publiques, de voter, d'être élu et le droit d'accéder aux fonctions publiques. Et comme le faisait remarquer le Comité des droits de l'homme, dans son observation générale n° 25 (57) : « Quel que soit le type de constitution ou de gouvernement adopté par un État, l'article 25 fait obligation aux États d'adopter les mesures d'ordre législatif ou autres qui peuvent être nécessaires pour que les citoyens aient la possibilité effective d'exercer les droits qu'il protège.[...] L'article 25 appuie le régime démocratique fondé sur l'approbation du peuple et en

---

84 COULON (J.), LARRAMENDY (D.), *Consolidation de la paix et fragilité étatique : L'ONU en République centrafricaine,* Les Presses de l'Université de Montréal, 2015, p. 27.

conformité avec les principes du Pacte[85] ». S'il faut donc partir de l'observation selon laquelle la démocratie, dans son acception moderne, est vue dans sa double composante gouvernante et délibérante[86], en RCA, ni l'un ni l'autre de ces composants ne peuvent être appréciés puisqu'en réalité, la démocratie, elle-même, n'y a jamais vu le jour. Rien qu'un regard rétrospectif sur l'histoire politique de ce pays révèle l'existence des traits caractéristiques communs aux États non démocratiques : « concentration et absence de séparation des pouvoirs ; corruption endémique ; clientélisme exacerbé ; vacuité des programmes politiques ; anémie des appareils administratifs ; fraude électorale à répétition ; faible légitimité des institutions ; persistance des tensions ethno-régionaliste ; injustices sociales ; instabilité chronique de gouvernements, etc. [87] »

La participation des gouvernés par le biais des élections n'a souvent pas été conforme aux standards internationaux[88]. Les élections n'ont été avant tout que cosmétiques, servant à asseoir un mode de gouvernance

---

85 Observation générale No 25 (57) du Comité des droits de l'homme, CCPR/C/21/Rev.1/Add.7 du 27 août 1996, § 1.

86 DUHAMEL (O.), TUSSEAU (G.), *Droit constitutionnel et institutions politiques*, 4e éd., Seuil, 2016, pp 63-110.

87 HOUZIBE (O. K.), *L'impasse du processus démocratique en Afrique noire francophone*, L'Harmattan, 2016, p. 36.

88 Le Pacte international relatif aux droits civils et politiques (article 25) de 1966, la Déclaration universelle des droits de l'homme (articles 20 et 21) de 1948 disposent que les élections démocratiques doivent être périodiques, libres, honnêtes, sans restriction du droit d'être élu. Le suffrage doit être universel et égal, le vote doit être secret et la libre expression de la volonté des électeurs doit être respectée. La Déclaration de l'UA de 2002 régissant les élections démocratiques en Afrique pose 13 principes relatifs aux droits et obligations à respecter par les États.

autocratique et à légitimer des gouvernants, qui cherchent à s'éterniser au pouvoir. Si le mode par excellence d'accession au pouvoir est le coup d'État militaire ; l'élection en est l'exception[89]. Les innombrables incursions militaires dans l'arène politique centrafricaine ne peuvent être considérées comme salutaires ou salvatrices, puisqu'elles n'étaient pas guidées par des idéaux de démocratie[90]. En revanche, ces coups d'État diaboliques ont servi à renverser des gouvernements plus ou moins civils, illégitimes les uns que les autres.

La RCA fait partie des États africains qui se sont réclamés de la démocratie au début des années 1990[91]. C'est d'ailleurs en 1993, sous l'influence de ce vent de démocratisation qui souffle sur les pays d'Afrique francophone, que le pays va connaître les premières élections législatives et présidentielles pluralistes. Mais avant cette période, c'est-à-dire depuis son indépendance le 13 août 1960, le pays a été marqué d'instabilités politiques dont la cause principale est la mauvaise gouvernance du pays et la succession de régimes non démocratiques. Ainsi, le premier Président de cette ancienne colonie française, David Dacko, se serait fait élu en prenant en otage les députés[92]. Il met en place un régime autoritaire, construit autour du Mouvement pour l'évolution sociale de l'Afrique noire (MESAN), parti unique. Le 1er janvier 1966, le chef d'état-major de l'armée, Jean-Bedel

89 Depuis l'indépendance du pays, seuls deux scrutins présidentiels ont été jugés crédibles, transparentes et sans contestation majeure de l'opinion publique nationale : celui de 1993 qui a porté Patassé au pouvoir et celui de 2016 ayant porté Touadéra au pouvoir.

90 KPODAR (A.), « Bilan sur un demi-siècle de constitutionnalisme en Afrique noire francophone », *Afrilex,* 2012, p.13.

91 BAYART (J-F.), « *l'Afrique invisible* », *Politique internationale*, n° 70, hiver 1995-1996, p.287-299.

92 International Crisis Group, 2007, *op.cit.,* p. 4.

Bokassa, renverse le président Dacko, son cousin[93]. Au départ, décidé à bien gouverner le pays et à le sortir de sa pauvreté, Bokassa ne saura résister longtemps à la soif du pouvoir et de richesses. Il se consacre président à vie en 1972 puis empereur en 1976. En 1979, un nouveau coup d'État conduit par l'opération française *Barracuda*[94], réinstalle l'ancien président Dacko à la tête de l'État alors que les déboires de son précédent règne hantaient toujours les esprits. Pour une seconde fois, Dacko se fait renversé par André Kolingba, qui à son tour, installe un régime militaire, mais, sur fond d'identité ethnique : ce dernier positionne ses parents de la tribu yakoma dans l'appareil d'État et dans les sociétés parapubliques[95].

La conférence de la Baule, en 1990, a entraîné un vent de démocratie qui a porté au pouvoir le Président Ange Félix Patasse à la suite des élections libre et démocratique. Premier homme politique du nord à accéder à la magistrature suprême, Patasse n'a pas pu s'empêcher d'exacerber et de perpétuer l'instrumentalisation ethnique du pouvoir politique et des Forces armées centrafricaines (FACA)[96]. Cette instrumentalisation du pouvoir et surtout de l'armée conduira au coup d'État du Général Bozizé en 2003. Ce dernier dont la gouvernance n'est pas plus démocratique et transparente que celles de ses prédécesseurs sera à son tour évincé par un énième coup d'État en 2013. L'histoire centrafricaine témoigne à suffisance des insuccès de la vague de

93 *Rapport national à l'Examen périodique universel*, A/HRC/WG.6/5/CAF/1, 23 février 2009, §. 11.

94 *Ibid.*

95 International Crisis Group, 2007, *op.cit.*, p. 8.

96 A/HRC/WG.6/5/CAF/1, *op.cit.*, §. 12.

démocratisation qui s'était emparée des pays francophones d'Afrique après 1990[97].

Somme toute, le point commun aux différents régimes qui se sont succédé au sommet de l'État est l'enrichissement illicite, la corruption, la prévarication des biens et richesses de l'État pendant que la population agonise sous le joug de la pauvreté. Aucun des gouvernants n'a fait prévaloir l'intérêt supérieur de la nation et n'a su respecter les obligations nées de la ratification par l'État en 1981, du Pacte international relatif aux droits économiques, sociaux et culturels (PIDESC). Au contraire, tous se sont arrogé le monopole de la production diamantifère du pays grâce à des sociétés privées dont les revenus renflouent des comptes personnels de la classe dirigeante. Cette mauvaise gestion économique et politique du pays, que Jean-François Bayard désigne par « la politique du ventre[98] » a été nourrie par des facteurs extérieurs qui ont fatalement catalysé la fragilisation du pays.

2. Les facteurs exogènes : De l'instabilité régionale aux politiques interventionnistes néfastes.

La RCA, comme tous les autres pays africains, a hérité de frontières coloniales. Malgré la diversité ethnique et linguistique, le « Sango » a été érigé en langue officielle à côté du Français ; ce qui est plutôt un facteur d'unité et de

---

97 GUEYE (B.), « La démocratie en Afrique : succès et résistances », *Pouvoirs,* n° 129, 2009, pp. 5-26. ; voir également BAYART (J-F.), « l'Afrique invisible », *Politique internationale*, n° 70, hiver 1995-1996, p.287-299.

98 BAYART (J-F.), *l'État en Afrique. La politique du ventre*, Paris, Fayard, Ed. 2006, 514 p. ; voir également, BAYART (J-F.), MBEMBE (A.), TOULABOR (C.), *La politique par le bas. Contribution à une problématique de la démocratie en Afrique noire,* Karthala, 1992, 268 p.

paix sociale. Cependant, l'un des malheurs de la RCA, est de se retrouver enclavée dans une région particulièrement instable. Tous ses voisins, à l'exception du Cameroun et du Congo, sont des États faibles, en proie à des cycles de violences qui perdurent. Au Nord-Ouest, se trouve le Tchad dont les régimes successifs partagent des traits communs avec ceux de la Centrafrique ; au Nord-est, on assiste à la crise soudanaise et au Sud, celle de la République démocratique du Congo (RDC). Ces différentes crises ont beaucoup contribué à la fragilisation de la République centrafricaine en ce qu'elle est devenue le berceau de refuge de populations obligées de fuir les crises internes. À cela, s'ajoute le nombre sans cesse croissant de déplacés internes du fait des crises successives qu'a connu le pays. De même, le territoire, surtout au nord, a servi de zone de retrait ou de transit à de nombreuses milices tchadiennes, soudanaises qui souvent, apportent leurs efforts aux rebelles pour déstabiliser le pouvoir de Bangui. Les migrations internes et transfrontalières sont importantes et les frontières très poreuses. À propos de cette perméabilité transfrontalière qui n'est pas spécifique à l'Afrique centrale, nous ne pourrons passer sous silence l'effet balkanisateur du découpage des frontières pendant la colonisation. Ainsi, au moment de la décolonisation, la RCA comme d'autres pays étaient trop conscients de leur extrême fragilité « pour se permettre de modifier leurs frontières artificielles[99] ». L'intangibilité des frontières coloniales était ainsi décidée. Toutefois, les territoires ainsi maintenus, même s'ils correspondaient à une réalité juridique, « ne rend[ent pas] compte ni de la formation historique du territoire, ni du lien ancestral qui l'unit à la

---

99 BOUTROS-GHALI (B.), *Les conflits de frontières en Afrique*, Paris, Ed. Techniques et Economiques, 1972, p. 77

nation, ni surtout des valeurs affectives qui, dans l'esprit des hommes s'attachent à la possession du sol, à sa délimitation à son intégrité[100] ». Finalement, loin d'être un facteur de paix, un signe d'indépendance et un élément de sécurité comme le concevait Charles Rousseau[101], la frontière, quand elle n'est pas maîtrisée, est un facteur d'instabilité.

La France, ancienne puissance coloniale a longtemps mené une politique étrangère déstabilisatrice en RCA. Comme le confirme Patrice Gourdin, « la situation centrale du pays lui confère une extrême importance stratégique comme pivot de la présence militaire et des interventions de la France en Afrique[102] ». De ce fait, les empreintes de la France dans la politique intérieure centrafricaine ont laissé des traces indélébiles au point qu'on a pu considérer la RCA comme l'État-type de la « Françafrique »[103]. Motivée par l'intérêt géopolitique et géoéconomique que représentait la RCA, la France aurait joué des rôles majeurs, soit par action, soit par omission, dans les nombreux coups d'État qu'a connu le pays[104]. Ainsi, en 1966, David Dacko aurait été renversé grâce au soutien de la France après qu'il s'est rapproché de la Chine[105]. Tel a également été le sort réservé au Président Bokassa en 1979 quand il s'est rapproché de la Libye[106].

---

100 DE VISSCHER (C.), *Théories et réalités en droit international public*, 4e éd., Paris, Pedone, 1970, p.222.

101 Rousseau (C.), *Droit international public*, Paris, Sirey, t. III, 1977, p.245.

102 GOURDIN (P.), « République centrafricaine : géopolitique d'un pays oublié », 2013, p. 19.

103 *Ibid.*

104 COULON (J.), LARRAMENDY (D.), *op.cit.*, p. 61.

105 *Ibid.*

106 *Ibid.*

D'ailleurs en 2003, c'est grâce à l'appui de la France et du Tchad que Bozizé accède au pouvoir[107]. Nous ne saurons passer sous silence les rôles qu'auraient joués la Libye du Colonel Kadhafi et le Tchad dans l'histoire centrafricaine[108]. On reprochait au l'ex-guide libyen d'avoir toujours cherché à prendre le Tchad en tenaille à partir de la RCA et de convoiter l'uranium centrafricain pour son programme nucléaire. C'est ainsi que le pays s'est retrouvé pendant longtemps au cœur de conflits d'intérêts.

Par ailleurs, il faut souligner que la mondialisation, les politiques économiques mondiales, l'aide au développement[109] ont été défavorables au développement économique de la RCA. À titre d'exemple, la mise en place de programmes d'ajustement structurel à partir de 1989 avec le concours du Fonds monétaire international (FMI) et de la Banque mondiale (BM) a eu un impact négatif sur le plan social par la réduction des dépenses de fonctionnement de l'État dans les domaines de l'éducation et de la santé[110].

Le déficit de gouvernance démocratique, doublé d'un environnement extérieur défavorable ne peut donner lieu qu'à une désagrégation du pacte sociale et le recours à la violence contre l'autorité étatique.

---

107 *Ibid.,* p. 63 et suivantes.

108 *Ibid.*

109 L'effet néfaste de ces aides au développement est dû à la règle de « l'ownership » qui veut qu'un bon État aidé soit celui qui s'approprie les objectifs des bailleurs de fonds, même si ces programmes sont la plupart du temps inappropriés aux réalités sociales du pays ; voir CHÂTAIGNER (J-M.), « Introduction », *in* CHÂTAIGNER (J-M.) (*dir.*), *Fragilités et résilience : les nouvelles frontières de la mondialisation*, Karthala, Paris, 2014, pp. 13-31.

110 UNICEF, *L'enfant en Centrafrique*, Paris, Éditions Karthala, « Questions d'Enfances », 2004, p. 14.

B. Les manifestations de la fragilité en RCA

La fragilité d'un État peut se manifester sous plusieurs formes : « Même si la fragilité des États est un bon annonciateur de conflit et d'instabilité, il existe pourtant une multitude d'États fragiles qui, bien que faibles, ne présentent pas de signes d'instabilité politique imminente[111] ». Comme soulevé plus haut, l'État fragile, est celui qui fait face à d'énormes difficultés et qui n'arrive plus à assurer à sa population, ni la provision d'une sécurité minimum nécessaire, ni la provision de services minimums essentiels.

La violence serait donc la manifestation la plus courante de la fragilité d'un État. Cette violence dirigée contre les institutions étatiques a débordé ce cadre pour s'introduire dans les rapports sociaux horizontaux c'est-à-dire entre citoyens ; occasionnant des rivalités et conflits privés de grande envergure.

En RCA, la gestion qui a été faite des affaires publiques au fil des années a eu comme conséquence immédiate, la condamnation de la population à la pauvreté. À cela, s'ajoute la tribalisation de l'armée, qui va sans doute conduire à une militarisation du mécontentement traduite dans la création de groupes armés.

Sur le plan économique et social, le pays a toujours été l'un des plus pauvres du monde. Les arriérés de salaire peuvent être accumulés pendant plusieurs années : « En janvier 2002, le salaire du mois d'août 2000 n'était pas entièrement encore versé aux fonctionnaires[112] », en méconnaissance du droit qu'a toute personne de jouir de conditions de travail justes et favorables ; un droit reconnu dans le Pacte international relatif aux droits économiques,

---

111 COULON (J.), LARRAMENDY (D.), *op.cit.*, p. 26.

112 UNICEF, *L'enfant en Centrafrique*, *op.cit.*, p. 13.

sociaux et culturels (art 7) et d'autres instruments internationaux et régionaux relatifs aux droits de l'homme. Dans son rapport de mai 2005 au Conseil de sécurité, le Secrétaire général rapportait que le cumul des arriérés extérieurs s'élevait à 184 milliards de francs CFA, soit 25% du PIB, tandis que le niveau de la dette intérieure, plus élevée, est estimé à 200 milliards de francs CFA, dont environ 70 milliards d'arriérés de salaires[113] parce que le pouvoir y a toujours été une source de convoitise, seul le recours aux armes paraît la solution pour l'amélioration des conditions de vie. La persistance de la pauvreté et l'absence d'État ont fait du pays un sinistré d'interventions étrangères ; occasionnant une ruée d'acteurs privés étrangers pour la provision du minimum vital aux populations.

Dès les années 1990, les « zaraguinas » (coupeurs de routes en Sango), vont s'adonner à des actes de grand banditisme face à l'incapacité des autorités à contrôler le territoire et ses frontières poreuses, surtout au Nord-Est, où, sur les 1200 kilomètres que le pays partage avec le Soudan, seules existent, deux postes de frontières distantes de 700 kilomètres l'une de l'autre[114]. La province de Vakaga au Nord, est réputée pour servir de plaque tournante aux trafiquants de drogues, aux braconniers, trafic d'armes, etc. L'appartenance à un groupe rebelle s'apparente à une entreprise juteuse. Ces groupes armés qui ont toujours commis des crimes sur les populations civiles en toute impunité, finissent par être récompensés puisque certaines de ces rébellions servent de bras armé aux autorités en place au cas où l'on venait à les évincer

113 A/HRC/WG.6/5/CAF/1, §. 48.

114 International Crisis Group, 2007, *op.cit.*, p. 25.

du pouvoir[115]. C'est-ce que confirment ces affirmations de l'Économiste Benoît Lallau : « Le mercenaire sous régional est ainsi un acteur majeur dans le scénario usuel des luttes pour le pouvoir : celui qui veut « prendre Bangui » recrute des mercenaires étrangers, qu'il est incapable de rétribuer, et qui se paient ensuite sur les populations civiles, pillant, tuant, violant avec d'autant moins de retenue qu'ils ne sont pas chez eux[116] ».

Suite à une succession de mutineries et de rebellions qui ont engendré une crise permanente, divers acteurs régionaux et internationaux vont intervenir dans l'espoir de rétablir et consolider la paix en Centrafrique.

§ 2. Les interventions externes en réponse à la fragilité de la RCA

La fragilité de la RCA a toujours inquiété les acteurs internationaux pour diverses raisons. D'abord, elle représente une menace pour ses voisins directs et pour la Communauté internationale, ensuite, le sort de sa population civile a retenu l'attention des acteurs régionaux et internationaux. Enfin, chaque intervention représente une aubaine pour les intérêts économiques et financiers. En 1996 et 1997, le pays a connu une série de mutineries résultant du mécontentement de militaires qui n'avaient pas perçu leur solde depuis trente mois et qui sont au-delà de tout, confrontés aux problèmes socio-économiques que

---

115 À titre illustratif, on attribue au Président Patassé, la création sur la base ethnique des milices privées « karako » et « sarawi » en vue de réprimer les mutineries ; en l'absence d'une armée républicaine efficace.

116 LALLAU (B.), « Plongée au cœur des ténèbres centrafricaines », *Journal des anthropologues*, 1/2015 (n° 140-141), p. 283-301. [En ligne], URL : http://www.cairn.info/revue-journal-des-anthropolo gues-2015-1-page-283.htm .

traverse le pays. C'est le début d'un défilé de différentes missions de paix qui vont s'alterner ou se superposer pendant plus de 15 ans en RCA (A). En dépit des efforts consentis pour relever le pays de sa fragilité et en l'absence de volonté politique des différents acteurs, ces différentes missions de paix n'ont pas pu répondre convenablement aux attentes des populations civiles (B).

A. Panorama des Missions de paix antérieures à la MINUSCA

Les multiples interventions de paix en RCA peuvent être classées selon leur origine, leur mandat ou leur composition. D'une part nous avons des missions onusiennes (MINURCA, BONUCA, MINURCAT, BINUCA) et celles de l'Union européenne (EUFOR Tchad/RCA, EUFOR RCA), d'autre part, celles africaines (MISAB, FOMUC, Force de la CEN-SAD, MICOPAX, ICR-LRA, MISCA). À côté de ces interventions, existent celles qui sont basées sur des accords militaires bilatéraux notamment, entre la RCA et d'autres pays comme la France, la Libye, le Tchad et l'Afrique du Sud. De la même manière dont ces missions diffèrent les unes des autres, elles sont complexes à analyser selon les critères sus mentionnés. Par conséquent, la démarche linéaire que nous adoptons dans cette partie permet de cerner la cohérence entre les différentes opérations et de suivre la chronologie des interventions.

En effet, en 1996, une série de mutineries éclate dans le pays. À la demande du président Ange-Félix Patassé, au 19e sommet des chefs d'État et de gouvernement de France et d'Afrique, la France avait incité les présidents gabonais, burkinabé, malien et tchadien de se rendre à Bangui pour négocier une trêve entre forces loyales et mutins. Le 25 janvier 1997, les parties concernées ont signé les « Accords de Bangui » à la suite de la conférence de concertation et de dialogue tenue à Bangui du 11 au 16 janvier 1997. Le 31 janvier 1997, le comité international de médiation crée la Mission interafricaine de surveillance des accords de Bangui (MISAB), première opération de paix en RCA[117]. Déployée le 8 février dans la capitale, avec un effectif d'environ 800 soldats originaires de six pays francophones[118], la MISAB avait pour mandat de rétablir la sécurité par la surveillance des « accords de Bangui » et par des opérations de désarmement des mutins et des milices[119]. Face aux difficultés financière et logistique qu'a connues la mission, elle sera remplacée par une autre opération après avoir contribué à la restauration d'un semblant de paix[120].

Le 15 avril 1998, la Mission des Nations Unies en République centrafricaine (MINURCA), 2e opération de paix, créée par la résolution 1159 du Conseil de Sécurité, prend la relève de la MISAB, avec 1350 Hommes. C'est la première mission onusienne déployée sur le sol centrafricain. Il s'agissait d'une mission ayant pour mandat de : « a) Contribuer à maintenir et à renforcer la sécurité et la stabilité ainsi que la liberté de mouvement à Bangui et ses environs ; b) Aider les forces nationales de sécurité à maintenir l'ordre et à protéger les installations clefs à Bangui ; c) Superviser et contrôler le stockage de toutes les armes récupérées dans le cadre de l'opération de

---

117 N'DIMINA-MOUGALA (A-D.), « Les opérations de maintien de la paix des Nations Unies en Afrique centrale, 1960-2000 », *Guerres mondiales et conflits contemporains*, 4/2009 (n° 236), p. 121-133, [En ligne], URL : http://www.cairn.info/revue-guerres-mondiales-et-conflits-contemporains-2009-4-page-121.htm (consulté le19 janvier 2017).

118 Burkina Faso, Gabon, Mali, Sénégal, Tchad et Togo.

119 S/1997/561, p. 3.

120 S/1998/86, §. 25-38.

désarmement et en surveiller la destination finale ; d) Assurer la sécurité et la liberté de mouvement du personnel des Nations Unies ainsi que la sûreté et la sécurité des biens de l'Organisation des Nations Unies ; e) Apporter une aide, en coordination avec d'autres efforts internationaux, dans le cadre d'un programme de courte durée de formation d'instructeurs de police et d'autres efforts de renforcement des capacités de la police nationale, et fournir des conseils concernant la restructuration de la police nationale et des forces spéciales de sécurité ; f) Fournir des conseils et un appui technique aux organismes électoraux nationaux en ce qui concerne le code électoral et les moyens à mettre en œuvre pour organiser les élections législatives prévues pour août/septembre 1998[121]. » De toute évidence, « la protection des civils » ne figurait pas dans ce mandat puisque celle-ci n'a été mentionnée pour la première fois dans un mandat qu'à partir de 1999. En revanche, ses actions tendaient à favoriser le retour à la paix.

À l'issue des élections législatives de 1998 et celles présidentielles de septembre 1999, le Conseil de sécurité, le 15 février 2000, décida de transformer précipitamment la MINURCA en un Bureau des Nations unies pour la consolidation de la paix en République centrafricaine (BONUCA). Le 3 décembre 2001, lors d'un sommet à Khartoum, les pays membres de la Communauté des États sahélo-sahariens (CEN-SAD) viennent à la rescousse du Président Patassé en créant une force de paix (4ème opération de paix). « Durant toute l'année 2002, la situation en RCA alterne entre périodes de calme et explosions de violence. Dans le nord du pays, une rébellion animée par l'ancien chef d'état-major, le général François Bozizé, auteur de la tentative de coup d'État de

---

121 S/RES/1159 (1998) 27 mars 1998, §. 9.

novembre 2001, s'installe durablement avec l'appui du Tchad[122] ». Les capacités de la force de la CEN-SAD étant limitées, elle passa la main à la Force multinationale en Centrafrique (FOMUC) créée le 2 octobre 2002 par la Communauté économique et monétaire de l'Afrique centrale (CEMAC). La FOMUC avait pour mandat d'assurer la sécurité du président Patassé, d'observer la sécurisation de la frontière avec le Tchad, et de participer à la restructuration des forces armées[123].

Sans avoir réussi à réduire l'insécurité sans cesse grandissante au Nord, à la frontière avec le Tchad, l'ONU créa la Mission des Nations Unies en RCA et au Tchad (MINURCAT), en septembre 2007. Son mandat est conséquent et sera appuyé, deux mois plus tard, par la Mission de l'Union européenne au Tchad et en République centrafricaine (EUFOR Tchad/RCA), 7ème opération de paix en RCA. L'EUFOR Tchad/RCA se retira en 2009 et la MINURCAT en 2010. Le 12 juin 2008, la Communauté économique des États de l'Afrique centrale (CEEAC) prend le relais de la CEMAC et crée la Mission de consolidation de la paix en Centrafrique (MICOPAX) en vue de renforcer les capacités des forces de défense et de sécurité ainsi que les institutions centrafricaines en matière de consolidation de la paix[124].

La MICOPAX a été aidée dans sa tâche par le Bureau intégré des Nations Unies pour la consolidation de la paix

---

122 COULON (J.), LARRAMENDY (D.), *op.cit.*, p. 70.

123 *Ibid.*

124 Communauté économique des États d'Afrique centrale, *Décision n°02/CEEAC/CCEG/XIII/08 portant sur le mandat de la Mission de Paix du 12 juillet au 31 décembre et Mission de Consolidation de la paix du 1er janvier 2009 aux environs de l'année 2013 du COPAX en RCA, 13e session ordinaire des chefs d'État et de gouvernement*, 12 juin 2008

en République centrafricaine (BINUCA) qui a succédé à la BONUCA au 1er janvier 2010. Du 16 février 2000 au 1er janvier 2010, la BONUCA a eu pour mission principale « d'appuyer les efforts du Gouvernement pour consolider la paix et la réconciliation nationale, renforcer les institutions démocratiques et faciliter la mobilisation sur le plan international d'un soutien politique et de ressources pour la reconstruction nationale et le redressement économique de la République centrafricaine ; et de suivre la situation et de faire mieux connaître aux Centrafricains la problématique des droits de l'homme[125] ». Le passage de la BONUCA à la BINUCA répondait au souci d'intégration et de coordination des activités des autres agences du système des Nations Unies présentes en RCA en cette période.

Sous la houlette de l'Union africaine (UA), l'Initiative de coopération régionale contre la LRA (ICR-LRA)[126] sera créée en 2011 afin de lutter contre les rebelles ougandais de l'Armée de résistance du Seigneur (LRA) qui sévissent dans certaines zones du Sud de la RCA. Les dynamiques de conflit étant demeurées les mêmes, un nouveau coup d'État de mars 2013 va conduire à la création de la Mission internationale de soutien à la Centrafrique (MISCA) par l'UA[127] avec l'accord du

---

125 S/PRST/2000/5 10 février 2000.

126 Union africaine, *Communiqué du Conseil de paix et de sécurité de l'Union africaine (UA), en sa 299ème réunion portant sur la mise en œuvre opérationnelle de l'Initiative de coopération régionale conduite par l'UA contre l'Armée de Résistance du Seigneur (LRA) Réf : PSC/PR/COMM. (CCXCIX),* 22 novembre 2011.

127 Union africaine, *Communiqué du Conseil de paix et de sécurité de l'Union africaine (UA), en sa 385e réunion portant sur la situation en République centrafricaine (RCA),*
Réf : PSC/PR/COMM.2(CCCLXXXV), 19 juillet 2013.

Conseil de sécurité[128] et appuyée par l'opération militaire de l'armée française « Sangaris »[129]. La MISCA a également été renforcée par la Force de l'Union européenne EUFOR RCA[130] (12e opération de paix). En Mars 2014, la MISCA et la BINUCA seront incorporées dans la Mission intégrée multidimensionnelle de stabilisation des Nations Unies en République centrafricaine (MINUSCA), treizième opération de paix, troisième OMP en RCA.

Le constat est clair : la RCA est l'un des rares pays d'Afrique centrale, sinon le seul à avoir accueilli en vingt ans, près de quinze opérations de paix, sans compter celles basées sur des accords militaires bilatéraux. Cependant, toutes les missions antérieures à la MINUSCA n'ont pu éviter à la Centrafrique l'ultime coup d'État de 2013. Quelles en sont donc les causes ?

---

128 S/RES/2127 (2013).

129 L'opération militaire française « Sangaris » est une opération déployée en RCA le 5 décembre 2013 à la demande des autorités centrafricaines et avec l'accord du CSNU ; voir S/RES/2127 (2013). Elle a pris officiellement fin le 31 octobre 2016.

130 EUFOR RCA est une opération militaire établie par l'Union européenne le 10 février 2014 suite à l'autorisation du Conseil de sécurité dans sa résolution 2134 du 28 janvier 2014. Elle a pour mandat de fournir un appui temporaire aux forces internationales déjà en place dans la protection des populations les plus menacées et dans la création des conditions propices à la fourniture d'une aide humanitaire. Son mandat prit fin le 15 mars 2015. Au lendemain, le 16 mars, la Mission de conseil militaire de l'Union européenne en République centrafricaine (EUMAM RCA), créée le 19 janvier 2015 par la décision 2015/78/PESC du Conseil de l'UE va prendre la main de l'EUFOR RCA. À son tour, l'EUMAM RCA va laisser sa place à la mission de formation de l'armée centrafricaine EUTM RCA créée en avril 2016. Il convient de souligner que toutes ces missions s'inscrivent dans le cadre de la Politique étrangère et de sécurité commune (PESC) de l'UE.

B. L'échec des missions de paix antérieures à la MINUSCA

La survenance de la crise en 2013, témoigne de l'échec des efforts de paix consentis pendant près de vingt années en RCA. Il est clair que ces missions n'ont pas réussi à neutraliser le virus centrafricain ; même si, de minces avancées ont pu être réalisées. Plusieurs raisons peuvent expliquer ce bilan terne : des solutions inadaptées et inappropriées, des interventions intéressées, le manque de moyens logistiques et financiers, des activités géographiquement limitées, la durée de vie et de mandat limitée des opérations, les rivalités entre missions, les conflits d'intérêts, les dysfonctionnements internes... A tout cela, s'ajoute le manque de volonté politique de la part des autorités centrafricaines eux-mêmes.

D'abord, toutes les opérations n'avaient pas les mêmes mandats et la même connaissance du terrain. Elles étaient porteuses de mandats nobles, mais qui ne prenaient pas en compte les causes profondes des crises. Comme nous l'avons déjà évoqué, le malaise centrafricain répond avant tout à la misère sociale de la population et au népotisme criard qui caractérise les pouvoirs autoritaires qui se sont succédé à la tête du pays. Dans la résolution des différentes crises, la démarche consistait à intégrer toutes les parties dans le système politique et d'adopter une loi d'amnistie. Certains y ont trouvé une voie royale d'accès au pouvoir ou dans l'armée en toute impunité. Ce mode opératoire s'apparente à un rachat du mécontentement des rebelles qui sont reconnus et légitimés, souvent sous la pression de la communauté internationale[131]. Une partie de la population, jusque-là spectatrice condamnée à un sort injuste, se révolte, prend les armes et le cycle

131 International Crisis Group, 2007, *op.cit.*, p. 22.

recommence. Comme l'aurait dit un habitué des crises centrafricaines, « les gouvernants d'aujourd'hui sont les rebelles d'hier[132] ».

À cela, s'ajoute le manque de moyens auquel a été confrontées la plupart des missions. C'est une évidence qu'on ne saurait ignorer en Relations internationales. Même si la fragilité de la RCA constituait une menace dans une région déjà instable, le manque d'intérêt direct pour certains États, eux aussi confrontés à des contraintes budgétaires, justifie leur passivité relative.

Si la MINURCA, première opération de maintien de la paix des Nations Unies en RCA est considérée par certains comme étant une réussite[133] ; d'autres y voient néanmoins, une mission qui aura laissé derrière elle un goût d'inachevé. En effet, son retrait a été précoce, car elle est intervenue en dépit du bilan négatif sur l'état sécuritaire du pays qu'avait dressé le Secrétaire général dans son rapport du 7 octobre 1999[134].

En outre, il convient de souligner que le passage de la MINURCA, une mission de maintien de la paix, à la BONUCA, un Bureau de consolidation de la paix (BCP)[135], correspondait à l'ancienne conception des OMP contenu dans *l'Agenda pour la paix*. Cette conception qui distingue la phase de maintien de la paix de celle de la

---

132 *Ibid.*

133 N'DIMINA-MOUGALA (A-D.), 2009, *op.cit. ;* voir également S/RES/1271 (1999)

134 S/1999/1038, § 52 et suivants.

135 Dans la résolution S/RES/1271 (1999) du 22 octobre 1999, le Conseil de Sécurité a décidé « *de proroger le mandat de la MINURCA jusqu'au 15 février 2000 dans le but d'assurer une transition brève et graduelle de l'opération de maintien de la paix des Nations Unies en République centrafricaine vers une opération de consolidation de la paix » ;* [Nous avons souligné].

consolidation de la paix sera remise en question et reformée par *le rapport Brahimi.* En effet, depuis *le rapport Brahimi* du 20 août 2000, quelques mois après le retrait de la MINURCA, le maintien de la paix ne remplace ni ne précède la consolidation de la paix. Comme le confirme la politiste Alexandra NOVOSSELOFF, « alors que l'Agenda pour la paix avait appréhendé le « maintien de la paix » comme un continuum (diplomatie préventive, rétablissement de la paix, maintien de la paix et consolidation de la paix), le Rapport Brahimi le considère comme un tout, où la consolidation participe de la prévention, où les trois phases ne sont pas forcément strictement respectées, où les actions de consolidation de la paix sont concomitantes avec celles du maintien de la paix. [136] » C'est à ce nouveau format d'OMP que répond la MINUSCA, une Mission multidimensionnelle dans laquelle a été fondue la BINUCA en 2014.

Le retrait précoce des Forces n'est pas propre à la MINURCA. Tel a également été le cas de la MINURCAT qui a été retiré alors que le Représentant du Secrétaire général pour les droits de l'homme des personnes déplacées dans leur propre pays rapportait que « les forces de sécurité centrafricaines n'ont pas la capacité de protéger adéquatement la population [et que] la réduction des effectifs de la petite force militaire de la MINURCAT et la démobilisation rapide des groupes armés peuvent contribuer à accroître l'insécurité existante[137] ».

---

136 NOVOSSELOFF (A.), « Dix ans après le rapport Brahimi sur les opérations de paix des nations unies quel bilan d'une décennie de réformes ? », *op.cit.*

137 A/HRC/16/43/Add.4, 12 janvier 2011, p. 2. Il est indispensable de souligner que derrière le retrait de la MINURCAT se cachent des …/…

Ces retraits prématurés n'ont guère contribué à l'amélioration de la situation puisqu'il y a souvent une rupture de continuité entre les différentes missions. Le temps qu'une nouvelle mission s'établisse, s'intègre et s'approprie le contexte, les progrès réalisés par les missions précédentes cèdent.

En 2003, la présence de la FOMUC n'a guère empêché le coup d'État mené par Bozizé, la même année. À en croire certains auteurs, « tous les chefs d'État dont les pays déploient des contingents en RCA se [sont mis] d'accord pour en finir avec Patassé, jugé comme un obstacle fondamental au processus de réconciliation nationale[138] ». En outre, le fait que le Tchad, qui a été accusé d'avoir contribué au putsch, contribue aux troupes de la FOMUC a été vivement critiqué.

Seules la MINURCAT, l'EUFOR Tchad-RCA[139] et la MISCA avaient essentiellement pour mandat prioritaire, la protection des civils et la sécurisation du Nord RCA. Si on peut justifier ces mandats par la violence permanente contre les civils au Nord du pays, l'absence de la protection des civils dans les autres mandats, peut s'expliquer par le fait que la PdC était considérée comme étant l'objectif final, contrairement à la sécurité d'un président illégitime et la stabilité de la capitale qui, elles, étaient les vraies priorités dans la phase opérationnelle. La capacité de déploiement limitée sur le terrain pouvait s'expliquer par l'intensité des violences et l'inaccessibilité de certaines zones. Les États contributeurs de ces missions n'étant pas disposés à perdre leur soldat dans ces

---

tensions diplomatiques. Le Tchad avait expressément exigé le retrait de la Mission de son territoire.

138 COULON (J.), LARRAMENDY (D.), *op.cit.*, p. 71.

139 S/RES/1778 (2007) du 25 septembre 2007, p. 2.

opérations, ils évitaient autant qu'ils le pouvaient de s'engager véritablement.

Comme nous l'avions déjà évoqué, certaines de ces missions étaient plus ou moins guidées par des intérêts ou des préoccupations géopolitiques. Tels sont les reproches formulés à l'endroit de la MISAB (1997-1998), de la MINURCA (1998-2000) et de la FOMUC (2002-2008) qui répondaient aux préoccupations géopolitiques et financières de la France et d'un certain nombre de pays africains francophones[140]. De la même façon que ces États intéressés (France, Libye, Tchad) ont contribué à la fragilisation du pays, ils ont contribué indirectement à l'inefficacité des missions dont ils étaient les épines dorsales. Ces États étant les principaux contributeurs financiers et logistiques, la réussite des missions se trouve subordonnée à leur volonté.

Au-delà de ces considérations, les résultats de la MISAB, de la Force de la CEN-SAD, de la FOMUC et de la MICOPAX révèlent les difficultés des organisations régionales à pouvoir mener à bout une mission de paix. Les déficits capacitaires, le manque de structuration et d'évaluation de ces missions, et les rivalités politiques au sein des organisations de tutelle ont mis à mal leur impartialité et efficacité en RCA.

La plupart des missions avait pour mandat d'appuyer la RCA dans le processus de désarmement, démobilisation et réintégration (DDR) et de réforme du secteur de la sécurité (RSS). Ces programmes n'ont jamais pu aboutir pour plusieurs raisons. D'abord, l'état de dégradation très avancé des routes dans le Nord – Est du pays, surtout pendant la saison des pluies, limite les interventions dans cette zone particulièrement assiégée par les groupes rebelles. Même les zones qui ont pu être démilitarisées

140 COULON (J.), LARRAMENDY (D.), *op.cit.*, p. 77.

n'ont pas suffisamment été sécurisées pour éviter que d'autres groupes armés les occupent à nouveau. Les groupes armés sont multiples, difficiles à identifier, hiérarchiquement mal organisés et transnationaux. Leur motivation n'est souvent pas la même[141]. Les groupes rebelles sont plus attirés par les avantages pécuniaires et matériels que ces programmes leur procurent plutôt que par la réussite du processus[142]. Les programmes DDR et RSS sont souvent instrumentalisés à des fins personnelles, à la fois par les autorités nationales, les groupes rebelles et même les acteurs internationaux impliqués[143]. Les Chefs rebelles y voient l'occasion d'obtenir des postes privilégiés et de pouvoir marchander avec le pouvoir. Les fonds alloués à ces programmes sont détournés et ceux qui sont évincés y trouvent l'opportunité de créer de nouveaux groupes rebelles afin d'en bénéficier[144]. Un autre élément important est celui du contenu des programmes de réforme et des capacités de ceux qui sont chargés de le mettre en œuvre. Ainsi, il est évident qu'un programme ou mandat de réforme institutionnelle décidé à New York ou à Genève ait de fortes chances d'échouer, parce que sa conception et mise en œuvre ont été confiées à un Américain ou un Européen, à qui les réalités locales sont étrangères.

À en croire certains observateurs, le dysfonctionnement interne des Bureaux de consolidation de la paix en RCA

---

141 SPITTAELS (S.), HILGERT (F.), « Cartographie derrière les conflits : la République centrafricaine », International Peace Information Service (IPIS), 2009, p. 3.

142 LOMBARD (L) « Rébellion et limites de la consolidation de la paix en République centrafricaine ». *Politique africaine*, n°125, 2012, p. 189-208.

143 COULON (J.), LARRAMENDY (D.), *op.cit.*, p. 145.

144 *Ibid.*

(BONUCA puis BINUCA) a été manifeste : « Le manque de moyens, le manque de formation des fonctionnaires, le manque de coordination et de collaboration entre les institutions onusiennes ont été défavorables au processus de consolidation de paix[145]. »

En définitive, l'inadéquation entre les mandats des différentes missions et les réalités du terrain, ajoutée à l'incapacité des acteurs locaux à s'approprier les différents programmes de consolidation de la paix ont inéluctablement conduit à une énième crise militaro-politique de 2013, aux conséquences humanitaires désastreuses.

---

145 *Ibid.*, pp. 138-140.

SECTION II.
LA CRISE POLITICO-HUMANITAIRE DE 2013

En mars 2013, éclata en RCA, une nouvelle crise. Les causes de cette crise ne sont pas nouvelles. Elles sont inhérentes au mode de gouvernance qui a prévalu à partir de 2003 sous le Général Bozizé, considéré comme « le dernier dirigeant dans une série de régimes kleptocrates qui se sont servis des ressources du pays pour s'enrichir[146] ».

Limogé le 26 octobre 2001 par le Président Patassé qui le soupçonnait d'être complice du coup d'État raté de mai 2001 mené par le Général Kolingba, François Bozizé, Chef d'État-Major d'alors, se retranche au Tchad afin d'y préparer son retour triomphal qui aura raison, une fois encore, des institutions républicaines déjà fragiles. Si son arrivée illégale au pouvoir en 2003 a suscité à la fois rejet et espoir, sa politique a entériné la mauvaise gouvernance dont ont fait preuve ses prédécesseurs. Complexe dans ses manifestations extérieures, la crise de 2013 aux conséquences multiples est à la fois institutionnelle (§1) et humanitaire (§2).

§ 1. Une crise institutionnelle sévère

De 2003 à 2013, l'environnement politique de la Centrafrique a été marqué par de nombreux évènements révélateurs d'un malaise social dû à un mode de gouvernance qui ne répondait pas aux aspirations des Centrafricains. Ce mode de gouvernance mené sous le règne de François Bozizé (A) a conduit, pour une énième fois, à la militarisation du mécontentement social (B). Cette situation place la population civile dans une position

---

146 COULON (J.) ET LARRAMENDY (D.), *op.cit.*, p. 41.

victimaire d'un double point de vue. D'abord, elle est victime des conséquences d'une mauvaise gouvernance du pays, mais aussi des violences qu'occasionne la lutte pour le pouvoir entre les rebellions et le pouvoir en place.

A. Un régime pseudo-démocratique peu protecteur des droits fondamentaux

Le processus de normalisation politique promit par le Général Bozizé lors de sa prise illégale et anticonstitutionnelle du pouvoir en 2003, a été rapidement tué dans l'œuf par la formation de nouvelles rébellions. C'est le début d'une gouvernance tumultueuse, marquée par l'instabilité chronique et permanente des institutions à laquelle s'ajoutent de massives violations de droits de l'homme.

En effet, entre 2003 et 2005, le Général Bozizé peine à asseoir son autorité et à mettre le pays sur la voie du développement pour deux raisons essentielles : d'une part son pouvoir est contesté du fait de son illégitimité ; d'autre part, il ne pouvait pas compter sur l'armée non républicaine. Afin de sortir de cette posture défavorable, il fait d'abord adopter une nouvelle constitution par référendum le 5 décembre 2004 [147] et ensuite, organise des élections présidentielles et législatives en 2005. La

[147] La vie constitutionnelle du pays entre 2003 et 2005 a été marquée par 3 actes constitutionnels pris par le Général Bozizé qui met un terme à la V République et qui s'est autoproclamé Président de la République. Il exerce tous les pouvoirs, y compris législatif avec l'aide de Conseil national de transition(CNT), un organe consultatif qu'il créa par décret le 3avril 2003. C'est à ce Conseil et au gouvernement transitoire qu'a été confié la rédaction de la nouvelle constitution et l'organisation des élections de 2005. La constitution qui inaugure la VI République a été promulguée le 27 décembre 2004 par le décret n° 04-392 et suspendue par l'Acte constitutionnel n° 1, du 26 mars 2013, à la suite du putsch de la séléka.

nouvelle constitution arbore un régime parlementaire dualiste ou semi-parlementaire « à la française » et dispose à son article premier :« La personne humaine est sacrée et inviolable. Tous les agents de la puissance publique, toute organisation, ont l'obligation absolue de la respecter et de la protéger. La République reconnaît l'existence des droits de l'Homme comme base de toute communauté humaine, de la paix et de la justice dans le monde ». Aux élections présidentielles et législatives de 2005, Bozizé remporte 64,60% des voix, contre 35,40% pour M. Martin Ziguélé et son parti la Convergence nationale « Kwa Na Kwa[148] » remporte 42 sur 105 sièges à l'Assemblée nationale [149]. Une fois investi d'une légitimité démocratique plus ou moins contestée, le Président Bozizé a progressivement monopolisé le pouvoir politique, qu'il exerce entouré du cercle familial[150]. Durant tout son règne, le népotisme et le clientélisme ont été le mode de gouvernance par excellence au moment où la situation socioéconomique et sécuritaire du pays se détériorait à grande vitesse.

Sur le plan sécuritaire et des droits de l'homme, si la situation est plus ou moins stable et rassurante à Bangui, elle ne l'est guère dans la partie septentrionale. C'est ce qui ressort du Rapport du Rapporteur spécial Philip Alston, sur les exécutions extrajudiciaires, sommaires ou arbitraires en RCA. En effet à la suite d'une mission effectuée dans le pays, celui-ci dresse un bilan inquiétant : « la population de la République centrafricaine demeure à la merci d'autres groupes armés, y compris des groupes de bandits, des groupes d'autodéfense, la Lord's Resistance

---

148 « Le travail, rien que le travail » en langue nationale Sango.

149 S/2005/414, § 4.

150 Voir les manifestations de ce pouvoir ethno familial dans : International Crisis Group, « République centrafricaine : les urgences de la transition », Rapport Afrique n°203, 11 juin 2013, p. 3-4.

Army (Armée de résistance du Seigneur) et l'armée nationale tchadienne. La protection des civils est pratiquement inexistante dans toutes les régions du pays en dehors de Bangui et l'insécurité sévit tout particulièrement dans le nord-est et le nord-ouest du pays. [151]. » En outre, pour lutter contre les agissements des coupeurs de routes qui volent les bétails et prennent en otage les éleveurs contre rançons, l'armée régulière mal organisée, en infériorité numérique et sous équipée s'est livrée aussi à des exécutions sommaires et extrajudiciaires de populations civiles. Ainsi, dans le deuxième rapport périodique présenté devant le Comité des droits de l'homme en 2005, les autorités centrafricaines n'ont pas pu s'empêcher d'avouer que « l'Office central de répression du banditisme pratique systématiquement des exécutions sommaires et extrajudiciaires en toute impunité[152] ».

En 2008, le Rapporteur spécial du Conseil des droits de l'homme sur les exécutions extrajudiciaires, sommaires ou arbitraires, constatait dans son rapport une amélioration de la situation tout en précisant que « les forces gouvernementales détruisaient complètement des villages entiers par le feu et exécutaient sommairement de nombreuses personnes[153] ». Le même constat a été établi dans un rapport de Human Right Watch en 2007 : « la vaste majorité des exécutions sommaires et des morts illégales, ainsi que presque tous les incendies de villages,

---

151 *Rapport du Rapporteur spécial sur les exécutions extrajudiciaires, sommaires ou arbitraires*, A/HRC/14/24/Add.5, 19 mai 2010.

152 CCPR/C/CAF/2004/2, 21 septembre 2005, §. 204.

153 A/HRC/8/3/Add.5, par. 3

ont été commis par les forces gouvernementales, souvent en représailles aux attaques rebelles[154] ».

Rappelons que ces atteintes aux droits de l'homme constituent une violation des articles 2, 6 et 7 du PIDCP, puisqu'à défaut de permettre la jouissance des droits civils et politiques à ses citoyens, surtout le droit à la vie comme l'en oblige le Pacte, le régime de Bozizé a érigé l'impunité en un principe comme le montre bien tous les rapports onusiens sur la question des droits de l'homme dans le pays. Lors de son passage devant le Comité des droits de l'homme en 2006, cet organe de traité constatait avec préoccupation que « de nombreuses et graves violations des droits de l'homme ont été commises en toute impunité [et que] lorsque des sanctions sont prononcées, elles sont souvent d'ordre administratif et disciplinaire, mais non d'ordre judiciaire[155] ». Pour preuve, en 2009, sur 250 affaires concernant des violations des droits de l'homme portées devant les juridictions pénales, seules 80 ont abouti à des condamnations[156]. « Les hauts fonctionnaires de l'armée et du Gouvernement ont tous, sans exception, échappé à la justice[157] », puisqu'en l'absence d'une séparation effective des pouvoirs, « les juges sont l'objet de manœuvres d'intimidation et sont menacés autant dans leur intégrité physique que dans leur sécurité

154 Human Rights Watch (HRW « État d'anarchie. Rébellions et exactions contre la population civile », Volume 19, No. 14(A), septembre 2007, 118 p. [en ligne], URL : http://pantheon.hrw.org/legacy/french/reports/2007/car0907/car0907frweb.pdf , (consulté le23/02/17).

155 *Observations finales du Comité des droits de l'homme*, CCPR/C/CAF/CO/2 du 27 juillet 2006, §. 7.

156 A/HRC/14/24/Add.5, *op.cit.*, §. 45 et suivants.

157 *Ibid.*

d'emploi[158] ». De ce fait, lors de l'Examen périodique universel (EPU) de la RCA devant le Conseil des droits de l'homme en mai 2009, il a été recommandé à l'État centrafricain de « porter une attention accrue aux questions graves liées à la lutte contre l'impunité ; enquêter systématiquement sur les violations des droits de l'homme et poursuivre les auteurs de ces violations, sans exception »[159], et d'« infliger des sanctions pénales à tous les membres des forces de sécurité auteurs de violations des droits de l'homme, en plus des sanctions administratives telles que la révocation[160] ».

Même si la Cour pénale internationale a ouvert des enquêtes à partir de 2007, elle n'a pas pu étancher la soif des victimes. D'ailleurs ce n'est qu'en 2016, que les enquêtes ouvertes en 2007 concernant les crimes de 2002-2003 ont conduit à la condamnation du Chef rebelle congolais Jean-Pierre Bemba à 18 ans de prison pour crimes de guerre et crime contre l'humanité.

Globalement, les dix années de gouvernance de Bozizé n'ont fait que ralentir ou au mieux stopper, un tant soit peu, la dégénérescence de l'État. Les mêmes causes produisant les mêmes effets, la détresse sociale et les disparités socioéconomiques vont inéluctablement conduire au renversement de ce dernier.

B. Des disparités socio-économiques au putsch de 2013

Les conditions de vie précaires qui ont sévi sur l'ensemble du territoire, mais en particulier les disparités

---

158 *Ibid.*

159 *Rapport du Groupe de travail sur l'Examen périodique universel de la RCA,* A/HRC/12/2, 4 juin 2009, pp. 17-26.

160 *Ibid.*

socioéconomiques flagrantes entre le nord et d'autres régions[161], ont constitué d'importants facteurs d'instabilité politique sous Bozizé. En effet, la population du Nord est marginalisée, et bon nombre de ceux qui ont rejoint les mouvements rebelles se sont plaints de l'absence de salaires et de services de base, tels que des écoles et des hôpitaux, dans leurs communautés.

La faiblesse de l'État en RCA fait qu'une bonne partie du nord se trouve hors du contrôle des forces de sécurité. Le fossé des clivages ethniques, politiques, communautaires s'est agrandi avec le temps et a donné naissance à des violences sporadiques sur l'ensemble du territoire. La plupart des groupes armés aurait été créée par certains opposants politiques mécontents à la suite des élections de 2005. D'autres par contre sont des groupes d'auto-défense créés par les villageois afin de pallier l'insécurité contre laquelle les FACA ne pouvaient les protéger.

En 2005, plus de 66,6% de Centrafricains vivent avec moins d'un dollar-US par jour ; l'espérance de vie à la naissance qui était de 49 ans pour un Centrafricain à la fin des années 1980 tournait désormais autour de 39 ans[162]. A la même période, 60% de la population et plus de 70% des enfants souffraient de la faim[163]. Le pays se classe 172e sur 176 dans l'index de développement humain du PNUD de 2006 avec plus de la moitié de la population analphabète

---

161 Nations Unies, « Consolidated Appeal for the Central African Republic 2007 », novembre 2006, 93 p. [En ligne], URL : https://www.humanitarianresponse.info/system/files/documents/files/cap_2007_car_1.pdf, (consulté le 23/02/17).

162 FIDH, « République centrafricaine. Oubliées, stigmatisées : la double peine des victimes de crimes internationaux », rapport n°457, octobre 2006, p. 49.

163 S/2005/414, § 24.

et au moins 80% de femmes analphabètes.[164] Le droit à l'éducation n'était pas assuré aux enfants conformément à l'article 13 du PIDESC et à l'article 7 de la Constitution centrafricaine de 2004 qui garantit le droit à l'éducation et la gratuité de l'enseignement dans les écoles publiques. Comme l'indiquaient les autorités centrafricaines au Conseil des droits de l'homme, « [...] la pauvreté est un phénomène massif ; plus de deux tiers de la population (67,2 pour cent), soit 2.618.000 personnes vivent en dessous du seuil de la pauvreté [et que] certaines régions devraient être des cibles privilégiées des politiques dans une approche de développement régional. [165] »

L'extrême pauvreté s'est transformée en une urgence humanitaire, ce qui amena le système des Nations Unies en Centrafrique à lancer un plan-cadre pour l'aide au développement, couvrant la période 2004-2006. Les programmes de relance économique des institutions de Brettons Woods prennent du temps à sortir l'État de l'abîme ; surtout que la bonne gouvernance n'y est toujours pas. En 2009, on trouve la République centrafricaine à la 178ème place sur 179 pays dans l'indicateur de développement humain du PNUD ; une régression par rapport à 2006. Ainsi au Conseil des droits de l'homme, plusieurs États ont recommandé à l'État centrafricain « d'accorder le degré de priorité le plus élevé aux mesures visant à mieux assurer les droits économiques et sociaux, en particulier de consacrer plus de ressources aux programmes de lutte contre la pauvreté et l'analphabétisme, dont les taux restaient élevés dans le pays[166] ». Jusqu'en 2012, près de 80% des infrastructures

---

164 Programme des Nations Unies pour le développement (PNUD), *Rapport sur le développement humain 2006*, New York.

165 A/HRC/WG.6/5/CAF/1, §. 48, *op.cit.*

166 A/HRC/12/2, 4 juin 2009, *op.cit.*, p.9.

publiques sanitaires[167], administratives, socioéducatives datent de l'époque coloniale et sont en état de ruine.

Par ailleurs, afin de mettre fin aux violences et à l'avancée des rebelles dans le Nord du pays, le Gouvernement a signé une série d'accords politiques avec ces groupes rebelles. D'abord, un premier accord a été signé à Syrte (Libye), le 2 février 2007, par le Gouvernement centrafricain et le Front démocratique du peuple centrafricain (FDPC), sous les auspices du colonel Mouammar Kadhafi. Ensuite, un deuxième a été conclu entre le gouvernement centrafricain et l'Union des forces démocratiques pour le rassemblement (UFDR), le 13 avril 2007. Enfin, un troisième accord, également appelé Accord de cessez-le-feu et de paix de Libreville, a été conclu entre le Gouvernement centrafricain et l'Armée populaire pour la restauration de la démocratie (APRD), le 9 mai 2008. Les dispositions de ces trois premiers accords ont été reprises dans un dernier accord, dit Accord de Paix Général (APG) de Libreville [168], signé le 21 juin 2008 entre le Gouvernement centrafricain, l'UFRD, le FDPC et l'APRD. Cet accord, signé grâce à la médiation de la CEN-SAD et de la CEMAC, prévoyait la promulgation d'une loi d'amnistie [169], la réhabilitation dans leurs droits

---

167 Voir le rapport de MSF : Médecins sans frontières, « République centrafricaine, une crise silencieuse », novembre 2011, 16 pages.

168 L'opposition démocratique, la majorité présidentielle, ainsi que la société civile, présentes en 2008, n'avaient pas signé l'Accord mais il était indiqué que celui-ci avait été signé « en leur présence ». L'accord est accessible à l'adresse : http://www.operationspaix.net/DATA/DOCUMENT/3126~v~Accord_de_paix_global.pdf ; consulté le 13/03/17.

169 Il est important de souligner que l'amnistie prévue à l'article 2 de l'APG ne concernait que les crimes et délits poursuivis devant les juridictions nationales, exception donc faite de ceux relevant de la compétence de la CPI.

des militaires centrafricains radiés pour des faits liés à la rébellion, le rétablissement des fonctionnaires civils liés aux mouvements signataires dans leur formation et corps d'origine, le cantonnement des troupes des mouvements signataires suivi de leur désarmement, leur démobilisation et leur réintégration (DDR), la libération des combattants capturés des mouvements signataires dès la promulgation de la loi d'amnistie et la participation des représentants des mouvements politico-militaires signataires à la gestion des affaires de l'État dans un esprit de réconciliation nationale. Afin de mettre en œuvre l'APG, un dialogue politique inclusif (DPI) a été organisé à Bangui en décembre 2008. À la suite du dialogue politique inclusif, un gouvernement de consensus, dont le caractère inclusif va être critiqué, est mis en place en janvier 2009. Signalons en passant qu'en 2008, des exactions contre les populations civiles, attribuées à individus de l'Armée de résistance du seigneur (Lord Resistance Army – LRA), de Joseph Kony, ont été signalées dans le Sud-est du pays.

En janvier 2011, le président Bozizé remporte les élections présidentielles, au grand dam des opposants politiques qui ont dénoncé d'énormes irrégularités et qui ont reproché à celui-ci, le non-respect de l'APG de Libreville. Les groupes rebelles retournent à leurs armes en décembre 2012, cette fois-ci, au sein d'une coalition « séléka[170] » estimée à environ 20 000 rebelles[171]. Suite à

170 La séléka (alliance en Sango), est une coalition initialement formée par l'Union des forces démocratiques pour le rassemblement (UFDR), de la Convention des patriotes pour la justice et la paix (CPJP), et de la Convention patriotique du salut du Kodro (CPSK). Cette coalition a reçu l'appui de milices tchadiens et soudaniens : voir : WEYNS (Y.), HOEX (L.), HILGERT (F.), SPITTAELS (S.), « Cartographie des motivations derrière les conflits : la République centrafricaine », International Peace Information Service (IPIS), Anvers, novembre 2014, pp 14-45.

l'avancée inquiétante de la séléka, le Président Bozizé sollicite la CEEAC pour une nouvelle médiation qui accoucha d'un accord le 11 janvier 2013. Les termes du nouvel accord ne sont pas si différents de ceux de 2008, si ce n'est qu'ils prennent en compte l'urgence de sortir de la crise en fixant un délai d'exécution de certains points[172], comme, le fait d'associer un mouvement armé en phase ascendante à un régime qui est à bout de souffle et qui n'a autre ambition que celle de durer au pouvoir. L'accalmie ne fut que de « très courte durée » puisqu'au 23 mars, la séléka prend d'assaut le palais présidentiel sans coup férir et contraint Bozizé à prendre la poudre d'escampette. Le chef de la séléka, Michel Djotodia s'autoproclame Président de la République, suspend la Constitution, dissous le Parlement et annonce l'ouverture d'une période de transition de trois ans. Ce Putsch va laisser apparaître sa dimension humanitaire alarmante.

§ 2. Une crise humanitaire sans précédent

La situation humanitaire en République centrafricaine a pris des proportions catastrophiques au lendemain de la

---

171 Commission de l'Union africaine, *Rapport de la présidente de la Commission sur la situation en République centrafricaine*, 17 juin 2013, p. 5. ; Il n'existe pas de chiffre exact et fiable sur l'effectif de la séléka. Toutefois, les divers rapports révèlent que d'environ 1500 soldats au départ, l'effectif s'est gonflé au fur et à mesure que le groupe armé progressait vers la capitale, au point d'environner 20000 combattants à la mi 2013.

172 De retour de Libreville, conformément à l'accord qui y a été signé, le Gouvernement de Faustin-Archange Touadera démissionne et un nouveau gouvernement dont le Premier Ministre est Nicolas Tiangaye (Parti d'opposition), a été formé avec des ministres issus des rangs de la séléka.

prise illégale du pouvoir par la séléka. La situation humanitaire étant déjà précaire, elle a été aggravée[173].

Parmi les raisons invoquées pour justifier le Coup d'État de 2013, ressort l'incapacité de François Bozizé à récompenser ceux qui l'ont aidé à prendre le pouvoir et la stigmatisation dont seraient victimes les populations musulmanes du Nord de la RCA. La prise du pouvoir par la Seléka en mars 2013 a donc constitué un renversement du paradigme politique en RCA. Pour la première fois depuis l'indépendance, une force issue des populations musulmanes du nord et de l'est du pays s'est emparée du pouvoir. Des milices d'auto-défense villageoises, les anti-balaka[174] , qui autrefois assuraient la sécurité des paysans et éleveurs contre le vol de bétail ou la destruction de leurs cultures, se restructurent. Très vite, le critère religieux a fait l'objet de propagande par les médias nationaux et internationaux. Cette nouvelle coloration donnée au conflit ressuscite un malaise social longtemps voilé par la misère généralisée. Les groupes armés vont s'y accommoder et la récupération religieuse du conflit ne sera qu'une quasi-réalité. On parle désormais d'un conflit entre la communauté chrétienne et celle musulmane, mais aussi entre étrangers occupants et peuples autochtones.

---

173 Voir le Rapport de la Haut-Commissaire des Nations Unies aux droits de l'homme sur la situation des droits de l'homme en République centrafricaine ; A/HRC/24/59.

174 Le nom antibalaka s'explique de deux façons différentes. Initialement, le terme semble dérivé du français « anti-balle AK », qui fait référence à leur recours à des fétiches réputés les protéger contre les balles des Kalachnikov ou AK-47. La plupart des combattants anti-balaka expliquent le terme par une référence à la machette, qui dans la langue locale, le Sango, est appelée balaka ; voir WEYNS (Y), HOEX (L), HILGERT (F), SPITTAELS (S), « Cartographie des motivations derrière les conflits : la République centrafricaine », 2014, op.cit., p. 46.

Soulignons que les violences armées entre les FACA et la séléka, ayant conduit au renversement de Bozizé peuvent être qualifiées de conflit armé non international. À ce titre, la République centrafricaine étant partie aux quatre Conventions de Genève de 1949 et au Protocole additionnel II relatif à la protection des victimes des conflits armés non internationaux, les forces armées nationales et la séléka, en tant que parties au conflit, étaient ainsi liées tant par les dispositions conventionnelles que par le droit international humanitaire coutumier. Toutefois, force est de constater que les hostilités sont conduites au mépris des principes élémentaires du DIH. En outre, en 2013, la République centrafricaine était partie à six traités de DIDH des Nations Unies[175], ainsi qu'aux principaux instruments de l'Union africaine relatifs aux droits de l'homme. Loin du pouvoir politique qu'elle voulait initialement, la séléka se retourne contre la population civile majoritairement chrétienne qui, en l'absence des FACA, compte désormais sur les anti-balaka pour sa protection : « Les combattants de l'ex-séléka apparaissent comme les protecteurs des communautés musulmanes et les anti-balaka comme les protecteurs des communautés chrétiennes[176] ». Ce bazar, dans lequel

175 Le Pacte international relatif aux droits économiques, sociaux et culturels (ratifié en 1981), le Pacte international relatif aux droits civils et politiques avec son Protocole facultatif (ratifié en 1981), la Convention internationale sur l'élimination de toutes les formes de discrimination raciale (ratifiée en 1971), la Convention sur l'élimination de toutes les formes de discrimination à l'égard des femmes (ratifiée en 1991) et la Convention relative aux droits de l'enfant (ratifiée en 1992) avec son Protocole facultatif relative à la vente d'enfants, la prostitution des enfants et la pornographie mettant en scène des enfants (ratifié en 2012).

176 International Crisis Group, « Centrafrique : les racines de la violence », Rapport Afrique n°230, 21 septembre 2015, p. i.

n'existe plus la distinction classique entre civil et combattant, place la population civile dans une position de cible privilégiée des différents groupes armés (A). Face à ce vent génocidaire qui menaçait le pays, la Communauté internationale a dû prendre des « mesures d'urgence » (B) précédant l'arrivée de la MINUSCA.

A. Une population civile au sort aggravé

Le Président auto-proclamé, Michel Djotodia, qui s'est fait élu par acclamation du Conseil national de transition (CNT) le 13 avril 2013, peine à rétablir l'ordre et à maîtriser ses éléments de la séléka, qui se sont emparés des armes de l'armurerie nationale. Aux clameurs de certains habitants de Bangui qui ont accompagné le cortège victorieux de la séléka le 24 mars, ont succédé les pillages, les exactions, les bavures et un sentiment anti-séléka. En l'absence de l'autorité régalienne qui s'est liquéfiée, les rebelles désœuvrés et en attente d'être payés se sont livrés au pillage de magasins, d'Organisations non gouvernementales (ONG), et des administrations. Les quartiers des dignitaires où l'ethnie de l'ex-président est majoritaire, sont pris d'assaut et certains habitants qui s'y trouvaient ont été exécutés[177]. Une sorte d'anarchie urbaine et généralisée s'est installée dans la capitale et sur le reste du territoire. Les personnes ayant coopéré avec le régime déchu et certains responsables de l'ex-armée républicaine sont traqués et leurs biens spoliés ; telle une chasse aux sorcières. Des scènes de ratissage et de racket maison par maison, quartier par quartier ont été observées. Il a d'ailleurs été reproché à certains contingents de la MICOPAX d'avoir loué leurs services aux entreprises et

---

177 « Centrafrique : scènes de pillage et heurts à Bangui », *RFI*, 14 avril 2013.

aux ONG contre rémunération, au lieu de protéger la population civile[178]. À l'intérieur du pays, la situation n'est guère meilleure puisque des villages entiers y compris les champs et bétails ont été razziés ou brûlés[179]. « Des assassinats aveugles et souvent ciblés, des viols, les agressions contre la population innocente, le recrutement flagrant d'enfants soldats, le pillage de maisons, d'églises et de couvents[180] » ont été observés un peu partout et constituaient des violations graves du droit international des droits de l'homme et du droit international humanitaire.

Au 30 avril 2013, le HCR comptait 37 755 réfugiés centrafricains en République démocratique du Congo (RDC) ainsi que des milliers de réfugiés dans les autres pays voisins ; quant aux déplacés internes, ils seraient début mai entre 150 000 et 180 000 personnes[181]. A la même période, le Secrétaire General rapportait au Conseil de sécurité qu'avant la prise de Bangui, plus de 173 000 personnes avaient été déplacées dans le nord et le nord-est du pays, 45 000 personnes supplémentaires ont fui le pays entre décembre 2012 et avril 2013 pour chercher refuge en République démocratique du Congo (33 127 réfugiés), au Tchad (6 728), au Cameroun (1 024) et au Congo (400)[182]. En juin 2013, on comptait 206 000 personnes

---

178 International Crisis Group, 2013, *op.cit.*, p. 21.

179 FIDH, « République centrafricaine : Un pays aux mains des criminels de guerre de la Séléka », juillet 2013, p. 33.

180 Voir la déclaration de Mme Margaret Aderinsola Vogt, Représentante spéciale du Secrétaire général et Chef du Bureau intégré des Nations Unies pour la consolidation de la paix en République centrafricaine (BINUCA), à la 6967 e séance du Conseil de sécurité ; CS/11010.

181 *Ibid.*

182 S/2013/261

déplacées vivant dans des conditions extrêmement précaires et souvent dans la brousse et plus de 58 000 réfugiés centrafricains dans les pays voisins[183].

À tout cela, s'ajoute l'incapacité des acteurs humanitaires à assister ces populations en détresse. En effet, les infrastructures de santé ont été saccagées et les convois alimentaires détournés et pillés. Des agents humanitaires ont même été pris pour cibles, ce qui a justifié leur retrait de certaines zones. En outre, le système judiciaire étant aux arrêts, les prisons ont été vidées et les populations livrées à elles même face à l'impunité.
Devant cette crise humanitaire aux allures génocidaires, les premières mesures d'urgence de la Communauté internationale n'ont pas tardé.

B. Les mesures d'urgence de la communauté internationale

Au lendemain du changement anticonstitutionnel du pouvoir à Bangui, si la communauté internationale a été unanime sur la condamnation des évènements, elle ne l'a forcément pas été sur les conséquences devant en découler.

En effet, alors que le Conseil de paix et de sécurité de l'Union africaine (CPS-UA) a, quant à lui, fermement condamné cette prise de pouvoir inconstitutionnelle de la séléka, en imposant des sanctions à cette dernière (y compris une interdiction de voyager à ses dirigeants) et en refusant de reconnaître le Président autoproclamé[184], la CEEAC de son côté a organisé deux sommets

---

183 A/HRC/24/59, *op.cit.*, p. 6.

184 Voir Union africaine, *Communiqué du Conseil de paix et de sécurité de l'Union africaine (UA), en sa 363e réunion portant sur la situation en République centrafricaine (RCA),* Réf : PSC/PR/COMM.(CCCLXIII), 25 mars 2013.

extraordinaires des chefs d'État et de gouvernement qui se sont tenus à Ndjamena en présence des représentants des groupes armés, respectivement les 3 et 18 avril 2013, afin d'adopter une feuille de route devant régir la période de transition. Une Charte constitutionnelle de transition en découla le 18 juillet 2013. Cette position de l'UA s'inscrit dans une logique d'obligation de retour à l'ordre constitutionnel immédiate alors que l'initiative de la CEEAC s'apparente à une légitimation des Chefs rebelles comme nouvelles autorités de la RCA. Pendant ce temps, aux Nations Unies, le compromis habituel a été adopté : une reconnaissance de fait du nouveau pouvoir dans le cadre d'une transition sous contrôle international[185].
En mai 2013, le Secrétaire général affirmait devant le Conseil de sécurité, toujours hésitant, que « la situation en République centrafricaine est effroyable et intolérable. La communauté internationale doit envoyer un message fort aux chefs de la séléka pour leur signifier que les meurtres, les pillages et le renversement inconstitutionnel du Gouvernement ne resteront pas impunis [186] ». L'UA, contrairement à aux Nations Unies qui se sont contentées de renforcer le mandat de la BINUCA, était convaincue qu'il faut agir rapidement afin de limiter les exactions des nébuleuses de groupes armés, et a donc décidé, le 19 juillet 2013, de prêter main-forte à la MICOPAX par le déploiement de la Mission internationale de soutien à la Centrafrique sous conduite africaine (MISCA) en RCA. Malgré cette décision prise depuis juillet 2013, il a fallu attendre l'autorisation du Conseil de sécurité en date du 5 décembre[187], conformément aux dispositions de

185 Dans ce sens, voir la résolution S/RES/2121 (2013)

186 S/2013/261, *op.cit.*, § 59.

187 S/RES/2127 (2013), § 28.

l'article 53 de la Charte des Nations Unies, pour que ce déploiement se mette en route. Mais en attendant que la MISCA soit opérationnelle, la même résolution, autorisa l'opération militaire française « Sangaris », à la demande des autorités centrafricaines. Cependant, qu'on ne se méprenne pas sur la spontanéité des acteurs, surtout à propos du vote de la résolution 2127 : Comme par hasard, à l'aube de cette journée du 5 décembre, les anti-balaka venaient de lancer une offensive contre la séléka dans la capitale. C'est donc au moment où des armes de guerre crépitaient à Bangui que le CS se réveille de son attentisme bienveillant.

Ces deux missions autorisées sous le chapitre VII de la Charte, appuyées plus tard par l'EUFOR RCA[188], avaient pour objectif principal de mettre la population civile à l'abri des violences, de sécuriser la capitale et de faciliter l'acheminement de l'aide humanitaire.

En termes de sanction, le CS, dans la résolution 2127, a décrété un embargo[189] sur les armes pour une période initiale de 12 mois, en demandant aux États membres de « prendre immédiatement les mesures nécessaires pour empêcher la fourniture, la vente ou le transfert directs ou indirects à la République centrafricaine, à partir de leur territoire ou à travers leur territoire ou par leurs ressortissants, ou au moyen de navires ou d'aéronefs battant leur pavillon, d'armements et de matériels

188 Voir *supra,* note 130.

189 L'embargo sur les armes n'est pas absolu et général. Il comporte des exceptions prévues au paragraphe 54 de ladite résolution. Il faut souligner que le paragraphe 54 al e, autorise les « livraisons d'armes et autres matériels létaux destinés aux forces de sécurités centrafricaines dans le seul but d'appuyer la réforme du secteur de la sécurité ou d'être utilisés dans ce cadre qui auront été approuvées à l'avance par le comité [de sanction] ».

connexes de tous types... [190]» Pour ce faire, un Comité de sanction, aidé par un Groupe d'expert, a été créé à la même occasion en vue de suivre les mesures de sanctions décidées.

De son côté, la Cour pénale internationale (CPI) s'est contentée de lancer une mise en garde à l'endroit des différents groupes armés en leur rappelant que leurs agissements contraires au statut de Rome pourraient relever de sa compétence[191].

Par ailleurs, il est important de relever que le partage des bénéfices de la manne diamantifère a toujours été au cœur des motivations des groupes armés qui ont longtemps cherché à prendre le contrôle des zones riches en pierres précieuses, en vue de se permettre une survie économique. Conscient donc de cette réalité, le Système international de certification des diamants (SCPK) ou processus de Kimberley a suspendu temporairement la RCA du processus à partir de mai 2013, afin d'éviter que le commerce de « diamants de la guerre » ne finance les activités des groupes rebelles. Malgré cette mesure administrative, de nombreux rapports postérieurs ont fait état de l'existence de commerce illégal de diamants en provenance de la RCA ; ce qui pose le problème de l'efficacité de ces mesures.

Somme toute, la résolution 2127 marqua une étape décisive dans la démarche du Conseil de sécurité face à la crise en RCA puisqu'elle dévoile clairement l'intention de l'Organisation d'intervenir par le biais d'une OMP dont la préparation est confiée, comme à l'accoutumée, au Secrétaire général. Il est vrai qu'on pourrait dire que cette

---

190 S/RES/2127 (2013), *op.cit.*, §54.

191 Voir, les déclarations du procureur de la CPI, sur la situation en République centrafricaine en date du 22 mars 2013, 22 avril 2013, 7 août 2013 et 9 décembre 2013.

hésitation est justifiée par le fait que les Organisations régionales (UA et CEEAC) se sont emparées du règlement de la crise dès le départ, ce qui relève du bon sens ; et aussi à cause d'autres crises sous d'autres cieux (Syrie, Mali, Libye...) auxquelles on accordait plus d'importance. Toutefois, connaissant les limites institutionnelles et matérielles de ces organisations régionales en matière de maintien de la paix, le Conseil de sécurité aurait dû prendre les choses en main beaucoup plus tôt. D'ailleurs, l'UA, en demandant l'autorisation pour le déploiement de la MISCA, informait l'ONU, par la même occasion, d'envisager une OMP qui prendrait la relève[192]. Comme quoi, l'UA est elle-même consciente de ses capacités limitées.

C'est donc conformément à cette demande, dans un pays fragilisé où l'autorité étatique est émiettée entre groupes armés qui sévissent contre la population civile, que le Conseil de sécurité va endosser sa responsabilité subsidiaire qui consiste à aider à la protection des populations civiles grâce à l'intervention de la MINUSCA.

---

192 S/RES/2127 (2013), *op.cit.*, § 46.

Chapitre II.
La MINUSCA dans sa mission principale de protection des civils

Le Département des opérations de maintien de la paix (DOMP) et celui de l'appui aux missions (DAM) ont proposé dès 2010, un cadre servant de base pour la conceptualisation du rôle des opérations de maintien de la paix dans la protection des civils. Ce cadre est élaboré autour de 3 niveaux complémentaires qui doivent être poursuivis de manière simultanée. Il s'agit de la protection au moyen du processus politique (niveau 1), de la protection contre la violence physique (niveau 2) et de la mise en place d'un environnement protecteur (niveau 3)[193]. C'est donc à l'aune de ces 3 niveaux identifiés dans le concept opérationnel, que nous examinerons les actions de la MINUSCA dans la mise en œuvre de sa mission de protection des civils.

L'arrivée des forces françaises, puis de celles de l'Union africaine de la Mission internationale de soutien à la Centrafrique (MISCA) et de la force européenne (EUFOR RCA) a inéluctablement évité à la RCA de sombrer dans une guerre civile[194]. Cependant, ces

---

193 DOMP/DAM, *Protection des civils : mise en œuvre des lignes directrices applicables aux composantes militaires des missions de maintien de la paix des Nations Unies*, op.cit., pp. 5-8.

194 En termes d'effectifs, le Site internet de la MINUSCA rapporte qu'au « 21 février 2014, l'effectif de la MISCA en uniforme était de 6 032 agents tandis que l'Opération Sangaris mobilisait 2 000 militaires. …/…

missions ont eu des débuts difficiles dans un contexte où les populations civiles se retrouvent au centre des affrontements ou parfois même y participent. De plus, l'efficacité limitée de ces forces internationales s'est révélée face à l'étendue géographique des violences et dans leur impuissance à circonscrire la chasse aux musulmans engagée par les anti-balaka[195]. Les forces internationales ont sous-estimé la capacité des anti-balaka, armés de machettes, de gourdins et aidés par des ex FACA, à commettre autant de bavures que les séléka qui, eux, disposent des moyens de déplacement et d'armes de guerre[196].

Le 10 janvier 2014, Michel Djotodia et le Gouvernement furent contraint à une démission par les Chefs d'États et de Gouvernements de la CEEAC et Mme Catherine Samba-Panza fut désignée pour conduire une nouvelle transition. Malgré ces changements notables, la dégradation de la situation sécuritaire et humanitaire s'est poursuivie. À la réunion de haut niveau sur l'action humanitaire en République centrafricaine, qui s'est tenue à Bruxelles le 20 janvier 2014 des contributions d'urgence ont été annoncées. À l'ONU, une Experte indépendante sur la situation des droits de l'homme en République centrafricaine a été désignée par le Conseil des droits de l'Homme. Dans sa résolution 2134 du 28 janvier, le CS durcit les mesures de sanctions.

En outre, un contingent militaire de l'Union européenne, fort de 1 000 hommes, devait entamer son déploiement à Bangui au début d'avril 2014 ». Disponible à l'adresse
https://minusca.unmissions.org/historique-0 , consultée le 19/03/17.

195 LESUEUR (T.), « République centrafricaine : autopsie d'une crise méconnue », *Politique étrangère*, 2014/3 (Automne), p. 163-174.

196 *Ibid.*

Suite à l'insistance des autorités de transition[197], de la Commission de l'UA, et sur avis favorable du Secrétaire général, le Conseil de sécurité, agissant en vertu du Chapitre VII, crée la MINUSCA pour une période initiale d'un an. Ladite résolution 2149 du 10 avril 2014 intègre la BINUCA au sein de la MINUSCA et prévoit un transfert de responsabilités de la MISCA à la MINUSCA pour le 15 septembre 2014. La mission a été dotée d'un mandat reparti entre tâches prioritaires et tâches additionnelles. Au titre des tâches prioritaires figurent : « a) Protection des civils ; b) Appui à la mise en œuvre de la transition, y compris les efforts en faveur de l'extension de l'autorité de l'État et du maintien de l'intégrité territoriale ; c) Faciliter l'acheminement immédiat, complet, en toute sécurité et sans entrave, de toute l'aide humanitaire ; d) Protection du personnel et des biens des Nations Unies ; e) Promotion et protection des droits de l'homme ; f) Action en faveur de la justice nationale et internationale et de l'État de droit ; g) Désarmement, démobilisation, réintégration et rapatriement [198]». Ce mandat initial a été prorogé plusieurs fois, en tenant compte des évolutions du terrain[199].

---

197 Par une lettre datée du 27 janvier 2014, le Ministre des affaires étrangères de la République centrafricaine, demandait le déploiement d'une opération de maintien de la paix des Nations Unies qui aurait pour mission de stabiliser le pays et de traiter les aspects civils de la crise. Cette demande sera réitérée dans la lettre du 8 avril 2014 adressée au Conseil de sécurité par la Présidente de la République centrafricaine.

198 S/RES/2149 (2014), *op.cit.*, § 30.

199 À ce jour (mars 2017), le mandat initial a été prorogé par les résolutions : S/RES/2217 (du 30 avril 2015 au 30 avril 2016), S/RES/2281 (du 30 avril au 31 juillet 2016), S/RES/2301(du 31 juillet 2017 au 15 novembre 2017). Il faut noter que les tâches et leur priorité …/…

En outre il est aussi utile de signaler que la résolution initiale prévoyait qu'en attendant le transfert de responsabilités entre les deux missions, la MINUSCA devrait exécuter les tâches prescrites au moyen de sa composante civile ; ce qui manquait significativement à la MISCA, Sangaris et EUFOR RCA pour une protection complète et efficace des civils. L'intégration de la MISCA et de la BINUCA dans la MINUSCA contribua donc à intensifier l'action internationale déjà enclenchée et à la rendre plus prévisible et plus durable.

De façon générale, les objectifs assignés à une OMP, ses priorités, sa configuration et ses activités sont souvent conçus et adaptés au cours du temps en fonction de la situation et des besoins particuliers du pays. C'est donc à juste titre que la première tâche prioritaire de la MINUSCA soit celle de la protection des civils, vu l'ampleur de la violence dans le pays au moment de la création de la mission.

Fort de son effectif et de ses différentes composantes[200], la MINUSCA contribue à créer un cadre sécuritaire protecteur pour la population civile (Section II) ; tout en collaborant avec les interlocuteurs nationaux à la création et à la préservation d'un espace politique pacifique, notamment par le biais du dialogue politique et

---

n'ont pas été modifiés en profondeur ; celle de la PdC est demeurée la première tâche prioritaire.

200 La MINUSCA a une composante militaire et une autre civile. En mai 2016, la mission comptait 12.790 personnes dont 11.846 membres du personnel en uniforme composé de 9 939 militaires,1 896 policiers,147 observateurs militaires, et 760 membres du personnel civil, dont 518 employés internationaux, 242 employés nationaux auxquels s'ajoutent 184 volontaires des Nations Unies. Voir le site internet de la MINUSCA disponible à https://minusca.unmissions.org/faits-et-chiffres , consulté le 20/03/17.

de la gestion de la crise grâce à sa composante des Affaires civiles (Section I).

SECTION I.
CONTRIBUTION À LA FONDATION D'UN ESPACE POLITIQUE PACIFIQUE

Contrairement aux forces internationales qui l'ont précédée, la MINUSCA apparait plus complète au regard de son mandat et de ses composantes d'une part, et plus imposante du fait de son effectif d'autre part. Même si, face à l'urgence, le besoin de protection du moment faisait beaucoup plus appel à des actions militaires, il n'en demeure pas moins qu'une protection efficace et durable des populations civiles sur le long terme nécessite une approche politique qui tienne compte des causes profondes de la crise. Les activités évoquées dans cette section, sont celles qu'accomplissent essentiellement l'équipe des Affaires civiles de la MINUSCA en collaboration avec des acteurs nationaux et internationaux afin de rendre la paix autonome et réduire le risque d'une reprise du conflit. Certaines de ces activités, ont consisté, à appuyer la reconstruction de la cohésion sociale rompue (§1) afin de restaurer l'autorité de l'État (§2).

§ 1. Appui à la reconstruction de la cohésion sociale

En réalité, parler de la reconstitution d'un pacte social, suppose que celui-ci existe préalablement. Or une observation attentive et analytique de l'histoire politique de la Centrafrique montre qu'il n'a véritablement existé qu'en théorie. Cette relation entre les gouvernants et les gouvernés, que Jean-Jacques Rousseau appelait le « contrat social » devrait avoir pour objectif de définir les règles du vivre ensemble et de garantir aux citoyens, leur droits et libertés. La négation de ces droits et l'absence de leur garantie a toujours été manifeste en RCA. Il existe un abime entre le pouvoir politique et le peuple centrafricain ;

tel entre le prince et les hommes décrit par Hobbes dans le *Léviathan*[201]. L'État centrafricain a pendant longtemps, été un prédateur plutôt qu'un protecteur. Tous les Gouvernements successifs n'ont jamais eu de véritables projets sociétaux ou, en tout cas, n'ont jamais réussi à gouverner c'est-à-dire pourvoir aux besoins vitaux des citoyens en étant à leur service. En l'absence d'une société civile digne de ce nom, et de l'indépendance des pouvoirs politiques, les citoyens ont toujours été exclus de la gestion de la « Res publica ». La loi n'a jamais été l'expression de la volonté générale, mais celle de particuliers. La rupture n'est pas que verticale (entre les gouvernants et les gouvernés) ; elle est aussi horizontale (entre les composantes de la population, elle-même). L'arrêt des hostilités (A) et le dialogue social de réconciliation (B) étant indispensables pour une meilleure protection des civils, toute initiative s'inscrivant dans ce sens ne pouvait être que soutenu par la MINUSCA.

A. Le forum de Brazzaville : entre espoirs et déconvenues

Convenue lors de la 5ème réunion du Groupe international de contact sur la République centrafricaine tenue à Addis Abéba le 7 juillet 2014, le Président Denis Sassou N'Guesso, Président de la République du Congo et Médiateur International sur la crise en République Centrafricaine, a convié les acteurs impliqués au Forum de Brazzaville en République du Congo, du lundi 21 au mercredi 23 juillet 2014. Le forum avait pour objectif d'obtenir une cessation des hostilités en Centrafrique.

---

201 HOBBES (T.), *Léviathan, Traité de la matière, de la forme et du pouvoir de la république ecclésiastique et civile*, Londres, imprimé au Dragon vert, au cimetière Saint-Paul, 1651.

L'organisation de ce forum intervient à une période où la manière dont la Présidente de la transition, Catherine Samba-Panza conduisait le pays était fortement critiquée. En effet, la composition de son Gouvernement laissait penser qu'elle s'est entourée de ses proches, y compris sa propre fille, et que jusque-là, aucune leçon n'a été tirée de la douloureuse expérience politique centrafricaine[202]. En outre, le train de vie de ces membres a une fois encore eu raison de l'infime espoir des Centrafricains ; d'autant plus que la particularité du moment ne pouvait permettre une telle complaisance. Ce manque d'intérêt et de volonté s'est traduit dans l'organisation dudit forum qui a été confié au Gouvernement Nzapayéké et à la Présidente Catherine Samba-Panza.

Près de 172 personnes furent invitées au forum, en présence des représentants de l'ONU, de l'UA et de la CEEAC. Selon Marchal Roland, « comme trop souvent, une partie de ces missionnaires [centrafricains] étaient venus pour un éventuel per diem, faire des emplettes dans la capitale congolaise ou soutenir le Premier ministre qui sentait le vent tourner [203]». Les représentants des groupes armés anti-balaka et ex-séléka transformée en Front populaire pour la renaissance de la Centrafrique (FPRC) y ont également pris part.

---

202 Sans aucun contrôle réel, la gouvernance des autorités de transition a ravivé le triste souvenir de celle de leur prédécesseur. L'une des scandales ayant fait le plus de bruit, est celui dit du « don angolais », relatif à la vaporisation de 2,5 millions de Dollars sur un don de 5 millions fais par l'Angola à la RCA au cours de la transition. Voir MARCHAL (R), « Premières leçons d'une " drôle " de transition en République centrafricaine », *Politique africaine*, 3/2015 (n° 139), p. 123-146.

203 MARCHAL (R) « Brève histoire d'une transition singulière : la République centrafricaine, de janvier 2014 à mars 2016 », version révisée 15 septembre 2016, p.50.

Au surplus de l'illégitimité des représentants des groupes armés et de la mauvaise organisation du Forum par le Gouvernement centrafricain, l'Accord[204] issu des négociations du Forum de Brazzaville n'était en réalité qu'une déclaration d'intention des parties présentes. Il comprenait 10 articles libellés en des termes vagues qui ne donnaient aucune indication précise sur les modalités de son application.

S'étant aperçu du gout d'inachevé laissé par l'Accord, le Médiateur à l'initiative de la rencontre, affirmait à l'issue de celle-ci, que « Brazzaville [ne] constitu[ait] [qu'un]premier pas avant un dialogue national et un forum de réconciliation nationale qui clôturera formellement le processus engagé[205] ». Sans contredire cette affirmation, il est évident qu'au -delà de ses déconvenues, le Forum de Brazzaville a eu le mérite de tracer la voie à celui de Bangui.

B. Le forum national de Bangui : entre acquis et insuffisances

Le rôle de la Division des affaires politiques (DAP) de la MINUSCA a été déterminant dans l'organisation du Forum de Bangui qui a eu lieu du 4 au 11 mai 2015. En effet, conformément aux tâches de la Mission, définies par la résolution 2149 (2014) et reprises par celle 2217 (2015) du Conseil de sécurité, la DAP s'occupe du volet politique

---

204 Voir : https://minusca.unmissions.org/sites/default/files/accord_de_cessation_hostilites_rca_2.pdf

205 POULIQUEN (Fabrice), « Centrafrique : Signature d'un accord de cessez-le-feu fragile à Brazzaville », publié dans *20 Minutes,* 24 juillet 2014, à l'adresse : http://www.20minutes.fr/monde/1421719-20140724-centrafrique-signature-accord-cessez-feu-fragile-brazzaville . Consulté le 21/03/17.

du mandat en appuyant le processus politique par des conseils politiques et stratégiques et en offrant ses bons offices[206].

Entre janvier et avril 2015, après le Forum de Brazzaville et avant celui de Bangui, il a été organisé à Nairobi au Kenya, entre les représentants des groupes armés principaux, des pourparlers officieux qui ont accouché de deux accords relatifs à la cessation des hostilités. Même si ces accords sont controversés parce qu'ils ont été négociés sans la participation des autorités centrafricaines de transition d'une part et n'ont pas été reconnus par la Communauté internationale d'autre part, ils ont eu le mérite d'aborder certains aspects plus concrets du DDR que l'Accord de Brazzaville a occulté. Ces négociations se sont également soldées par une déclaration d'engagement dans laquelle les anciens Présidents Michel Djotodia et François Bozizé ont promis de se rallier à la feuille de route de la transition, et ont affirmé leur adhésion au Forum de Bangui qui se préparait. Le 23 avril, un accord officiel sera signé, cette fois ci, entre le gouvernement de transition et les groupes armés en vue de leur participation au Forum de dialogue inclusif, national et de réconciliation.

Au cours de la même période, parallèlement aux négociations de Nairobi, un Comité technique d'organisation[207] a été créée et des consultations populaires ont eu lieu du 21 janvier au 8 mars sur l'étendue du territoire en vue de préparer le Forum. Même

---

206 Voir https://minusca.unmissions.org/affaires-politiques , consulté le 22/03/17.

207 Le Comité a été créé par le décret 15/128 créé à l'issu de la réunion de concertation des forces vives de la Nation du 15 Avril 2015.

si le processus a été perturbé dans certaines zones[208], grâce à l'accompagnement des agents de la MINUSCA, tant civil que militaire, des équipes d'émissaires ont pu recueillir dans 78 sous-préfectures, les doléances des populations villageoises déplacées, les difficultés auxquelles elles ont été confrontées et leurs propositions de sortie de crise : « pour la première fois, une parole de la province pouvait être entendue à Bangui. [209]»

Le Forum, lui-même, a été l'occasion où les composantes de la vie sociopolitique, culturelle et confessionnelle centrafricaine ont échangé et ont fait des recommandations sur les thématiques bien précises dégagés à l'issue des consultations populaires. Ces thématiques sont celles de la justice et réconciliation, de la gouvernance, de la paix et sécurité et celle du développement économique et social.

Au terme des discussions, de groupes de travaux sur les thématiques retenues, 3 principaux accords ont été signés : l'accord de désengagement des enfants soldats signé sous l'égide de l'UNICEF, le Pacte républicain pour la paix, la réconciliation nationale et la reconstruction en République centrafricaine et l'accord sur les principes de DDRR et d'intégration dans les corps en uniforme[210].

Dans le Pacte républicain adopté, il est prévu, entre autres, la finalisation et l'adoption d'une nouvelle Constitution qui doit tenir compte des notions de laïcité,

---

208 A Bambari, Kaga Bandoro, Bria ; voir « RCA : l'ex-séléka complique la préparation du Forum de réconciliation », *RFI*, 26/01/2015 ; consulté le 23/03/17.

209 MARCHAL (R) « Brève histoire d'une transition singulière : la République centrafricaine, de janvier 2014 à mars 2016 », *op.cit.* p.56.

210 Voir le Rapport général du forum à l'adresse https://jfakiblog.files.wordpress.com/2016/05/forum-de-bangui-rapport-general.pdf , consultée le 23/03/17.

du droit des minorités et des peuples autochtones, de la démocratie participative. Il prévoyait également l'introduction d'une clause constitutionnelle prohibant toute possibilité d'amnistie pour les crimes contre l'humanité, crimes de guerre et crimes de génocide commis en RCA, la création d'une Cour Pénale spéciale (CPS) et la mise en place d'une Commission justice, vérité, réparation et réconciliation.

En dépit des avancées constatées[211], certains points prioritaires ont été très peu discutés ou simplement occultés. Il s'agit, entre autres, de la réinstallation des déplacés et le retour des réfugiés et l'assainissement de l'administration. Loin de l'esprit unificateur qu'il a suscité, le forum n'a pu extirper des cœurs, les récriminations des populations contre la Présidente et son Gouvernement de transition[212].

Mais, comme l'a déclaré le Représentant spécial du Secrétaire général des Nations unies et chef de la MINUSCA, le Général Babacar Gaye, « les pertinentes recommandations [...] prises ensemble, [ont] dessin[é] les contours d'une nouvelle Centrafrique[213] ».

---

211 « Centrafrique : l'ONU se félicite des résultats du Forum de Bangui », *Centre d'actualités de l'ONU*, 11 mai 2015, http://www.un.org/apps/newsFr/storyF.asp?NewsID=34763#.WNM9wzvhCM8 , consultée le 23/03/17.

212 DUHEM (V.), « Centrafrique : ce qu'il faut retenir du Forum de Bangui », *Jeune Afrique*, 11mai 2015, http://www.jeuneafrique.com/231902/politique/centrafrique-ce-qu-il-faut-retenir-du-forum-de-bangui/ , consultée le 23/03/17.

213 Voir la déclaration sur le site de la MINUSCA à l'adresse : https://minusca.unmissions.org/le-forum-national-de-bangui-cl%C3%B4tur%C3%A9-ses-travaux , consultée le 23/03/17.

§ 2. La restauration de l'autorité de l'État

Le rétablissement et le renforcement de l'autorité de l'État sont des tâches incontournables dans les Missions multidimensionnelles de stabilisation des États fragiles. Cela se justifie par l'idée selon laquelle pour que l'État puisse générer des revenus et fournir les services de base à sa population, il doit pouvoir exercer le contrôle sur son territoire national tout en s'appuyant sur une dynamique politique caractérisée par l'ouverture, qui confère une légitimité à ses institutions et dans laquelle la population puisse mettre sa confiance. L'édification de ces institutions légitimes à laquelle participe nécessairement le corps social, permet à l'État de réduire ou de résister à de nouvelles vagues de violence politique et criminelle[214].

Comme indiqué dans la « doctrine Capstone », l'appui des missions au rétablissement et au renforcement de l'autorité de l'État peut comprendre, selon les cas, « l'appui au processus plus large de restructuration constitutionnelle[215] » (A), « ou institutionnelle[216]»(B).

A. La normalisation de l'ordre constitutionnel : un succès relatif

De nos jours, la construction d'une société démocratique ne se conçoit que dans le cadre d'un État doté d'une constitution[217]. De même, il est impossible

---

214 Voir, Banque mondiale, *Rapport sur le développement dans le monde : conflits, sécurité et développement,* Washington, 2011, p. 7.

215 Nations Unies, DOMP, DAM *Opérations de maintien de la paix des Nations Unies : Principes et Orientations, « Doctrine Capstone », op.cit.,* Section 2.4.

216 *Ibid.*

217 DUHAMEL (O.), TUSSEAU (G.), *Droit constitutionnel et institutions politiques*, 4e éd., Seuil, 2016, p. 51.

d'assurer l'application effective du droit international des droits de l'homme et du droit international humanitaire à l'intérieur d'un État, sans que son ordre juridique interne y soit favorable. Par l'ordre juridique interne, défini comme « l'ensemble, structuré en système, de tous les éléments entrant dans la constitution d'un droit régissant l'existence et le fonctionnement d'une communauté humaine [218]», au sommet duquel se trouve la constitution, l'État emménage les modalités de dévolution et d'application du pouvoir et la garantie des droits fondamentaux.

L'ordre juridique normatif et institutionnel en RCA étant déstructuré du fait de la crise, il est apparu important, au regard du mandat de la MINUSCA, d'accompagner les autorités de transition pour le retour à un ordre constitutionnel et institutionnel ordinaire.

Le retour à un ordre constitutionnel ordinaire a été d'une très grande préoccupation pour la Communauté internationale. En effet, les acteurs extérieurs étaient convaincus que plus la transition dure, plus sa légitimité et sa légalité posent problème.

Rappelons que suite au changement anticonstitutionnel du pouvoir du 24 mars 2013, la Constitution du 27 décembre 2004 en vigueur a été suspendu et les institutions de la République dissoutes. Sous la médiation de la CEEAC, et comme il est de coutume dans les pays en crise constitutionnelle et institutionnelle pareille, un Conseil national de transition (CNT) a été créé en avril 2013[219]. Ce Conseil de 135 membres a fait office de Parlement au cours de la Transition, en adoptant en juillet 2013, la Charte constitutionnelle de transition(CCT) entrée

---

218 LEBEN (C.), « De quelques doctrines de l'ordre juridique », *Droits*, 1/2001 (n° 33), p. 19-40.

219 Le CNT a été crée par l'arrêté N° 005 du 13 avril 2013 et complété par l'arrêté N°007 du 30 avril 2013.

en vigueur le 18 août 2013. La Société civile n'était pas suffisamment représentée dans le CNT. Sa composition était à l'image des rapports de force dans la crise. Plusieurs membres qui le constituent sont affiliés aux groupes armés, y compris ceux qui sont supposés représenter la société civile. En dépit de ce constat, l'article 55 de la Charte constitutionnelle de la transition lui attribue le pouvoir constituant.

Dans ses résolutions sur la situation en RCA, le Conseil de sécurité n'a jamais cessé d'exhorter les autorités à mettre terme à cette parenthèse constitutionnelle qu'est la Transition, dans les délais les plus brèves[220]. Un accent particulier a donc été mis sur le respect du calendrier électoral et l'appui que devait apporter la MINUSCA à l'avènement d'un nouvel ordre constitutionnel et institutionnel. Plus précisément, le Conseil de sécurité, dans sa résolution 2217 du 28 avril 2015, « engage[ait] instamment les autorités de transition, ainsi que l'Autorité nationale des élections (ANE), conformément à la charte nationale de transition, à accélérer les préparatifs en vue de la tenue, à titre urgent et dès que possible, des élections présidentielle et législatives libres, honnêtes, transparentes et ouvertes à tous ». Dans la mise en œuvre de ce mandat, il a été mis en place, l'Équipe d'assistance électorale intégrée (EAEI) composée de la Division de l'assistance

---

220 Dans bon nombre de crise et dans celle particulière de la RCA, il est souvent reproché aux acteurs internationaux de privilégier et de précipiter la tenue d'élections dans des conditions sécuritaires qui ne s'y prêtent pas. Une partie du mouvement international pour la tenue d'élections était liée aux cycles budgétaires de certains donateurs comme la Banque mondiale et le Fonds monétaire international (FMI) dont les financements ne peuvent être accordés qu'à un gouvernement élu, conformément à leurs règles et règlements. Faut-il attendre un retour à la paix pour voter ? Ou voter pour obtenir un retour de la paix ? La question demeure toute entière.

électorale (DAE) de la MINUSCA et du Projet d'appui au cycle électoral en Centrafrique (PACEC), gérée par le PNUD par le biais de son Conseiller technique principal. L'EAEI a contribué à la mise en place du cadre institutionnel des élections, notamment la réforme de l'Autorité nationale des élections (ANE)[221] et ses démembrements, l'adoption et l'harmonisation du cadre légal des élections, et la sécurisation du processus électoral par l'élaboration d'un plan sécurité mis en œuvre par les casques bleus de la MINUSCA et les FACA. En outre, elle a œuvré à la coordination de l'assistance technique internationale par le biais des bons offices du Représentant spécial du Secrétaire général et Chef de la MINUSCA.

Le référendum constitutionnel initialement prévu pour le 4 octobre, eu finalement lieu le 13 décembre 2015. Sur le recensement électoral, les problèmes rencontrés sont de divers ordres.

D'abord, ledit recensement s'est déroulé à une période où 462 191 Centrafricains se sont réfugiés dans les pays voisins et 368 859 sont des déplacés internes[222]. La

---

221 L'ANE est l'organe centrafricain indépendant chargé de la préparation, l'organisation et la supervision des élections et du referendum constitutionnel. Elle est composée de 7 membres proposés par les partis politiques, la société civile et les pouvoirs publics.

222 Selon le rapport du Haut-commissariat des Nations Unies pour les réfugiés (UNHCR) du 22 juillet 2015, 462 191 centrafricains dont 21% pourraient voter, se sont réfugiés dans les pays voisins comme suit : 247 596 (53,8 %) au Cameroun, 97 195 (21 %) au Congo, 92 539 (20 %) au Tchad et 24 866 (5,4%) en RDC. Les déplacés à l'intérieur de la Centrafrique seraient 368 859 et 30 186 seraient encore déplacés dans Bangui. « Et les réfugiés, en théorie, peuvent voter. Ils se sont toutefois assez peu inscrits, moins de 10%. On a des chiffres pour le Cameroun, par exemple : 21 000 réfugiés Centrafricains au Cameroun ont voté pour le référendum sur les 250 000 qui sont répertoriés dans ce pays », dans « Centrafrique : pourquoi …/…

République démocratique du Congo n'a pas autorisé les quelque 112 000 réfugiés centrafricains présents sur son territoire à s'inscrire sur les listes électorales[223]. Nombreux avaient quitté leur domicile pour se réfugier en brousse ou dans des camps, loin de chez eux, en abandonnant tout ce qu'ils ont ; y compris leurs pièces d'identité sans lesquelles ils ne pouvaient pas se faire inscrire sur les listes électorales. En outre, l'opération d'enrôlement des électeurs ayant eu lieu en période de pluie (juin-juillet-aout), l'état désastreux et impraticable des routes n'a pas permis l'accès à certaines zones enclavées.

Au-delà de l'appui financier du Groupe international de contact (GIC-RCA) à travers le « Basket Fund [224]», d'énormes difficultés financières ont été ressenties. Cela a occasionné entre autres, la grogne des agents de recensement qui réclamaient leur dû ; le manque de matériels électoraux pour certaines zones.

Somme toute, le recensement électoral, même s'il a été appuyé par la MINUSCA, n'a pas pour autant permis

---

Noureddine Adam veut torpiller les élections ? », *RFI, 18/12/2015,* disponible à http://www.rfi.fr/hebdo/20151218-processus-paix-rca-noureddine-adam-referendum-constitution-elections-fprc , consultée le 27/03/2017.

223 A/HRC/33/63 §20.

224 Le « basket fund » ou « panier de fonds », est un mécanisme de financement des élections, mise en place et géré par le PNUD. Il est alimenté par la contribution des acteurs internationaux, notamment le Groupe international de contact (GIC-RCA). Le GIC-RCA a été créé à Brazzaville, le 3 mai 2013. Il est co-présidé par la Commission de l'UA et le Congo. Les membres sont les États de la CEEAC, l'ONU, l'UE, l'OIF, l'OCI, les États Unis d'Amérique et la France. Une structure réduite de coordination appelée G8-RCA se réunit périodiquement à Bangui pour assurer la préparation et le suivi du GIC-RCA. Le G8 est présidé par le Médiateur de la CEEAC, Denis Sassou-Nguesso tandis que le rapporteur est le Secrétaire général tchadien de la CEEAC.

d'assurer une large participation du peuple centrafricain à l'approbation de la nouvelle Constitution qui a pour objectif de poser une nouvelle base juridique de l'État ; la réaffirmation de la cohésion sociale à travers l'adoption de la norme suprême[225]. Le jour du referendum, les groupes armés ont très vite perturbé le processus en saccageant des bureaux de vote à Kaga-Bandoro au centre du pays, à N'Dele et Birao au nord, dans les départements de la Ouaka, de la Vakaga et de la Haute- Kotto.

Le referendum n'a connu qu'une participation de 38% des inscrits ; ce qui correspond à 741 056 Centrafricains. Le taux d'abstention était de 62%. Sur les 741 056 votants, 689 182 (93 %) ont dit « OUI » tandis que 51 874 (7 %) ont dit « NON » selon l'ANE. Au regard de ces chiffres, on ne peut que constater que la nouvelle Constitution sensée annoncer la nouvelle République, n'a été adoptée que par moins du quart de la population totale, un peu plus de la moitié des habitants de Bangui avant la crise. On peut donc soutenir qu'elle manque de légitimité populaire dans un pays qui veut renouer avec la culture de valeurs démocratiques et de l'État de droit. En d'autres termes, les valeurs qui sous-tendent la notion de constitution et la part de responsabilité que doit assumer la population dans son adoption ont été éludées au profit d'autres considérations politiques d'ordre secondaire que sont les élections présidentielles et législatives.

En dépit des conditions lamentables et des insuffisances observées lors de son adoption, il convient de visiter la substance de cette constitution.

Par le préambule, le peuple souverain exprime la « fier[té] de son unité nationale, linguistique et de sa

---

225 Thomas Paine dans ses *Droits de l'homme* en 1791, affirmait que « la constitution d'un pays n'est point l'acte de son gouvernement, mais celui de la Nation qui constitue un gouvernement ».

diversité ethnique, culturelle et religieuse qui contribuent à l'enrichissement de sa personnalité[226] ». Il réaffirme son attachement au droit international des droits de l'homme auquel il est parti et en disposant à son article 1er que « la personne humaine est sacrée et inviolable. Tous les agents de la puissance publique, toute organisation, ont l'obligation absolue de la respecter et de la protéger. La République reconnaît l'existence des Droits de l'Homme comme base de toute communauté humaine, de la paix et de la justice dans le monde ». Aux termes de l'article 18, « la République centrafricaine est un État de droit, souverain, indivisible, laïc et démocratique ».

Au-delà de la référence aux droits et libertés fondamentaux, la nouvelle constitution adoptée le 13 décembre 2015 et promulguée le 30 mars 2016, balise la voie à la mise en place des nouveaux pouvoirs de la VIe République centrafricaine.

B. La mise en place de nouvelles institutions républicaines

Au sens matériel, la constitution recouvre l'ensemble des règles relatives à l'attribution et à l'exercice du pouvoir politique. L'une des voies royales de dévolution de ce pouvoir dans un État de droit est le suffrage universel. C'est donc dans cet esprit que les élections présidentielles et législatives ont été organisées en vue de rendre la restauration de l'État de droit plus complète en remplaçant les pouvoirs de la Transition, peu

---

226 Voir le préambule de la proposition de constitution de 2015 : https://www.sangonet.com/afriqg/PAFF/Dic/actuC/ActuC19/projet-constitution-RCA-adopte-par-CNT-2015.pdf ,
consultée le 27/03/2017.

représentatifs, dépourvus de légitimité démocratique[227], et dont le mandat a été déjà prolongé deux fois[228].

Les élections présidentielles et législatives de fin 2015 à fin 2016, même si elles étaient nécessaires, sont intervenues dans des conditions qui lui ont conféré un caractère expéditif. Le contexte sécuritaire et humanitaire dans lequel a eu lieu quelques jours plus tôt le référendum constitutionnel est demeuré le même. Au-delà des lacunes inhérentes au recensement électoral et qui ont déjà été relevées plus haut, il faut ajouter que le découpage des circonscriptions électorales n'a véritablement pas tenu compte des importants mouvements des populations.

Les périodes électorales en RCA ayant toujours été périlleuses avec le risque permanent du réveil d'antagonismes ancestraux et l'exacerbation des vieilles rivalités politiciennes[229], la population, toujours soumises aux menaces et exactions des groupes armés[230], n'a pas manqué d'exprimer sa retenue et son dégoût pour ces

---

227 Parce qu'ils ne sont pas élus au suffrage universel, les prérogatives reconnues aux autorités de transition n'étaient pas pleines et générales comme cela aurait été le cas en période normale. Par exemple, l'article 104 al. 1 de la Charte constitutionnelle de la Transition rappelle que « Le chef de l'État de la Transition ne porte pas le titre de Président de la République [...] ». L'alinéa 2 du même article dispose que « Le Premier ministre reste en place jusqu'à la nomination de son successeur par le futur Président élu démocratiquement [nous soulignons] ».

228 Mise en place en janvier 2014, la transition a été prolongée d'abord en février 2015, puis en août 2015.

229 Voir NIEWIADOWSKI (D.), « Les élections centrafricaines : un nouveau mirage de la démocratie dans la CEEAC », *Afrilex*, 2015, 27 p.

230 Voir « Centrafrique : pourquoi Noureddine Adam veut torpiller les élections », *RFI,* 18/12/2015.

élections dont les candidats sont des caciques affiliés aux anciens régimes sans aucun projet de société réaliste[231].

La MINUSCA, en collaboration avec les autres opérations militaires (Sangaris et EUMAM RCA) et les forces de sécurité centrafricaines a joué un rôle non négligeable dans la tenue de ces multiples scrutins à deux tours. Cela va de l'organisation de réunions d'échange entre les candidats à la sécurisation des scrutins.

Du fait des dysfonctionnements et irrégularités constatés lors du premier tour des élections présidentielles et législatives groupées, conséquences des défaillances sus relevées, la Cour constitutionnelle de Transition a annulé le premier tour des élections, dans sa composante législative, en conservant celle présidentielle. Cette décision posa tout naturellement une question de bons sens : comment peut-on annuler qu'une partie du scrutin, quoique relatif à la désignation de deux institutions différentes, alors que l'ensemble eu lieu dans des conditions non conformes à celles définies par les standards internationaux en la matière ?

Étant vêtue de valeur de l'autorité de la chose jugée, cette décision s'imposa à tous, y compris à la Communauté internationale qui ne peut y voir qu'un pas de plus vers la fin de la transition tant souhaitée. À l'issu du second tour des présidentielles qui a eu lieu le 14 février 2016, entre les anciens Premiers ministres Anicet Dologuélé et Faustin Archange Touadéra, arrivés en tête du premier tour du 30 décembre 2015, Faustin-Archange Touadéra est élu

---

231 La Cour constitutionnelle de transition a examiné 44 dossiers de candidatures ; une procédure à l'issue de laquelle 30 candidatures ont été retenues. La candidature de l'ancien Président Bozizé en exil en Ouganda a été rejetée conformément à l'accord de Brazaville de janvier 2013 qui lui interdisait de briguer un nouveau mandat. En outre, il fait partie des acteurs de la crise, faisant l'objet d'une interdiction de voyager, décidée par le Conseil de sécurité.

Président de la République avec 62,69 %[232], pour un mandat de 5 ans renouvelable une seule fois.

Quant aux élections législatives qui ont finalement eu lieu après plusieurs reports et plusieurs tours (trois fois deux tours)[233], la RCA s'est dotée d'une Assemblée nationale de 140 députés élus au suffrage universelle direct tout comme le Président de la République, pour un mandat de 5 ans renouvelable. Multicolore et plus représentative des populations que les précédentes[234], la nouvelle Assemblée nationale a fermé la page de la transition qui n'a que trop duré et dont les préoccupations n'étaient prioritairement que politiques.

---

232 S/2016/305, § 8

233 Lors des deux tours des 14 février et 31 mars 2016, 128 parlementaires, dont 11 femmes, ont été élus sur 140 membres. Un nouveau scrutin a eu lieu pour les 12 sièges restants les 15 mai et 26 juin. Le 10 juillet, la Cour constitutionnelle a invalidé les résultats de la première circonscription de Bimbo et a ordonné la tenue d'un nouveau scrutin. De nouvelles élections ont eu lieu le 23 octobre (premier tour) et le 4 décembre 2016 (deuxième tour) dans la ville de Bimbo à l'issue desquelles un candidat indépendant a été élu.

234 Les candidats indépendants ont rapporté 60 sur 140 sièges. Les autres sièges ont été partagés entre 17 partis politiques. Voir le site de l'Union interparlementaire :
http://www.ipu.org/parline-f/reports/1059_E.htm,
consulté le 01/04/2007.

SECTION II. MISE EN PLACE D'UN CADRE SÉCURITAIRE SÛR ET STABLE

En affirmant que « les opérations des Nations Unies [...] ne se déploient pas dans des situations de post conflits, mais se déploient pour permettre d'atteindre de telles situations », le *Rapport Brahimi* laissait entrevoir l'environnement hostile dans lequel intervenaient les missions de paix. Cet environnement hostile, souvent caractérisé par les attaques délibérées contre des civils et contre les forces eux-mêmes, le non-respect du droit international et du droit international humanitaire, est révélateur de la violence à laquelle devront faire face les peacekeepers et contre laquelle ils doivent nécessairement réagir, s'ils veulent atteindre l'objectif que leur a assigné le Conseil de sécurité. Il en résulte donc que la protection des civils ne peut être envisagée en dehors de l'environnement et des conditions dans lesquelles ces derniers vivent. La mise en place d'un cadre sécuritaire pacifique constitue la tâche essentielle des composantes militaires et de police d'une mission multidimensionnelle chargée de protéger les civils et pour laquelle le Conseil de sécurité, « agissant sous le Chapitre VII de la Charte des Nations Unies, » les autorise « à utiliser tous les moyens nécessaires [mais] dans les limites de [leurs] capacités et dans [leurs] zones de déploiement [235]». Les résolutions de la MINUSCA, outre le fait qu'elles s'inscrivent dans la même dynamique, demandent à la Mission de « protéger, <u>sans préjudice de la responsabilité principale des autorités</u>, la population civile du risque d'atteinte à l'intégrité physique, <u>dans les limites de ses moyens et de ses zones</u>

---

235 Pour ce qui concerne la MINUSCA, voir S/RES/2149 (2014), §29 ; S/RES/2217 (2015), §31 ; S/RES/2301 (2016) § 32.

de déploiement, notamment grâce à des patrouilles actives[236] ».

Il ressort de ces dispositions que l'autorisation donnée aux casques bleus est assortie de réserves. Ces réserves, en même temps qu'elles clarifient le cadre juridique des actions à mener, peuvent en limiter l'efficacité. En attendant d'examiner ces aspects dans la Deuxième Partie de notre travail consacrée à l'efficacité des actions de la Mission, il nous parait primordial de relever la contribution de la MINUSCA à la protection physique des civils (§1) et à l'instauration d'un environnement protecteur (§2)

§ 1. La protection des civils contre les violences physiques

Bien que le conflit affecte l'ensemble des civils, Il est souvent demandé aux Casques bleus de focaliser leur attention sur les civils en danger physique imminent. La protection des civils contre le risque d'atteinte à l'intégrité physique et à leur dignité a nécessité des actions concertées et coordonnées entre les composantes militaires, civiles et de police de la Mission. Leurs activités visent à prévenir, dissuader et au besoin répondre aux situations dans lesquelles les civils courent le risque de violences. Pour ce faire, leurs actions sont régies par des Règles d'engagement (pour le personnel militaire) et des Directives sur l'usage de la force (pour le personnel de police)[237]. Ces règles et directives varient selon le mandat de chaque mission et détermine le degré de force qui peut

---

236 Nous soulignons ; voir, S/RES/2149 (2014), §30, a) i). ; S/RES/2217 (2015) §32, a), i) ; S/RES/2301 (2016), §33, a), i).

237 MANTON (R.), *Protection des civils*, Cour de l'Institut de formation aux opérations de paix (POTI), 2014, p. 32.

être utilisé et les circonstances dans lesquelles elle peut être utilisée. Avant même de parcourir quelques actions et mesures protectrices prises par les différentes composantes de la MINUSCA, il nous semble important de procéder à une remarque sur laquelle nous reviendrons dans la deuxième partie de ce travail : loin d'être exhaustives, ces actions, même si elles ont le mérite de mettre les populations civiles à l'abri des violences, demeurent géographiquement circonscrit et donc très insuffisantes face à l'ampleur du conflit.

Compte tenu de l'accent particulier qui est mis sur la protection des femmes, des enfants, et des réfugiés, il nous parait utile d'examiner leur cas dans une seconde partie (B) après avoir énuméré quelques actions de protection générale dans une première partie (A).

A. Un éventail d'actions de protection générale

Les tâches dont il s'agit, étaient déjà identifiées dans un rapport du Secrétaire général en 1999 : « [...] faire respecter le droit international ; faire respecter les règles par les groupes armés non étatiques ; renforcer la protection des civils grâce à l'amélioration de l'efficacité et des ressources des missions ; faciliter l'accès aux secours humanitaires ; faire rendre des comptes en cas de violation [238]».

D'abord ces tâches incluent la mise en place de patrouille des forces de police dans les zones urbaines et militaires dans les zones reculées afin de garantir aux populations, la liberté de circulation, leur sécurité et celle de leur bien. À Bangui, les patrouilles de police, de jour comme de nuit, servent à prévenir les violences

---

238 Rapport du Secrétaire-général au Conseil de sécurité sur la protection des civils dans les conflits armés, S/1999/957, 8 septembre 1999.

intercommunautaires, à lutter efficacement contre la criminalité et le banditisme. Leur présence a pour objectif de produire un effet dissuasif et de rassurer la population. En outre leur caractère proactif devrait permettre de prendre le pas sur les attaques des groupes armées et d'être imprévisibles dans leur action. En campagne aussi bien qu'en ville, des opérations sont régulièrement menées au profit des populations civiles prises en otage, pour faciliter leur libération.

Depuis le déclenchement de la crise en 2013, l'insécurité sur les routes pour les convois de l'aide humanitaire a considérablement accru le risque de famine, surtout dans les camps de déplacés. Conformément à son mandat, la force de la MINUSCA a amélioré la sécurité dans certaines villes du pays en luttant contre les trafics divers et en mettant fin à de nombreux points de contrôle illégaux. Ainsi, avec l'appui de l'opération française, la MINUSCA a permis la sécurisation des convois sur les axes Bangui – Bouar – Beloko, Bangui – Sibut – Kagabandoro et enfin Bangui – Sibut – Bambari – Bria[239]. D'autres activités, pas moins significatives, ont participé à l'effectivité de la libre circulation des populations. Il s'agit de la restauration des infrastructures routières, notamment entre Bouar et Baoro ou entre Sibut et Bambari, que ce soit pour remettre en état des tronçons de route ou pour réparer des ponts comme celui de Bournou en avril 2015[240].

À travers la surveillance de la situation des droits de l'homme et les mesures d'alerte précoce les composantes civiles recensent et signalent les menaces et les attaques dirigées contre des civils ; ce qui permet aux casques bleus

---

239 Site de la MINUSCA : https://minusca.unmissions.org/force-militaire consulté le 03/04/17.

240 *Ibid.*

de mettre en œuvre des plans de prévention et d'intervenir. Pour ce faire, la Mission a entre autres développé une approche communautaire de la protection des civils, en déployant dans 35 bases militaires dans les provinces et dans six arrondissements à Bangui, 52 assistants de liaison communautaire (ALC). Ces derniers ont pour mission de faciliter la collaboration entre les communautés et la MINUSCA et d'assurer leur participation effective à leur protection[241]. L'appropriation du contexte d'intervention étant indispensable, la composante affaires civiles aide les composantes en uniforme à accomplir leurs tâches, en veillant à ce qu'elles soient bien informées des contextes culturels et communautaires en favorisant aussi la mobilisation des acteurs du développement et humanitaires au niveau local[242].

Il faut préciser que contrairement à la résolution initiale portant création de la MINUSCA, les autres résolutions ont insisté sur la nécessité de réduire « ... les risques que les opérations militaires et policières représentent pour les civils [243]». En ce sens, une directive a été prise dans le cadre de la Mission en vue de prévenir l'utilisation des écoles et des universités par la composante militaire et celle de police afin de minimiser l'impact négatif du conflit sur la sécurité et l'éducation des enfants[244].

---

241 MINUSCA FOCUS, *Bulletins d'informations de la MINUSCA*/#03/ février 2017, p.7 ; https://minusca.unmissions.org/sites/default/files/minusca_focus_n03_poc.pdf

242 Voir dans ce sens : DOMP/DAP, *Manuels sur les affaires civiles*, Nations Unies, New York, 2012, p.55.

243 Voir par exemple, la résolution S/RES/2301 (2016), §33, a), i).

244 *Directive de la MINUSCA sur la protection des écoles et universités contre une utilisation militaire*, 24 décembre 2015, réf. : MINUSCA/OSRSG/046/2015 ;
.../...

B. La prise en charge des groupes spécifiques

Dans des situations de conflit armé comme celle qui a lieu en RCA, en dépit de l'existence d'un risque général d'atteinte aux droits de la population civile, le niveau de la menace varie en fonction du degré de vulnérabilité. Conscient de cette réalité, le CS a demandé à la MINUSCA d'« ...accorder une protection particulière aux femmes et aux enfants touchés par le conflit armé, notamment en déployant des conseillers pour la protection de l'enfance, des conseillers pour la protection des femmes et des conseillers pour la problématique hommes-femmes [245]».

Dans son troisième *rapport sur le sort des enfants en temps de conflit armé en République centrafricaine*[246], le Secrétaire général faisait part au Conseil de sécurité du recrutement à grande échelle et de l'utilisation massive des enfants par les groupes armés, ainsi que des meurtres, des mutilations, des actes de violence sexuelle et des attaques d'écoles et d'hôpitaux qui ont continué d'être perpétrés entre janvier 2011 et décembre 2015. Selon le rapport, reprenant une étude réalisée par l'UNICEF, le nombre estimatif d'enfants associés à des groupes armés était compris entre 6 000 et 10 000 en 2014. Ils ont été recrutés et utilisés par toutes les parties au conflit, y compris des groupes armés étrangers tels que le Front populaire pour le redressement (FPR) et l'Armée de résistance du Seigneur (LRA). Les enfants ont été non seulement brutalisés en étant utilisés dans les combats et comme esclaves sexuels, mais ils ont également été forcés à remplir divers rôles

---

https://minusca.unmissions.org/sites/default/files/151224-046_directive_de_la_minusca_sur_la_protection_des_ecoles_et_universites_contre_une_utilisation_militaire.pdf

245 S/RES/2301 (2016) §33, a), ii).

246 S/2016/133 du 12 février 2016.

d'appui, dont celui d'informateur[247]. Ces actes sont constitutifs de violations de la convention internationale des droits de l'enfant, du droit international humanitaire, et sont des crimes de guerre au sens du Statut de Rome de la CPI[248].

Pour faire face à un tel contexte, conformément au mandat qui est le sien, il a été créé au sein de la MINUSCA, une Section de protection de l'enfance qui dialogue avec les parties en conflit pour éliminer le recrutement et l'utilisation des enfants au sein des groupes armés ainsi que toutes les autres formes d'abus perpétrés contre les enfants. Grace à son appui, en 2016, la section a permis la libération de 3.982 enfants, dont 1222 filles, associés aux groupes armés[249].

La situation des femmes n'est pas meilleure. Du fait du déchirement du tissu social et la dislocation des familles lors de la crise, les femmes sont constamment exposées à des actes de violence sexuelle et à l'exploitation sexuelle, notamment, le viol et la prostitution forcée.

---

247 *Ibid.*

248 Le protocole additionnel à la Convention relative aux droits de l'enfant du 24 mai 2000, relatif à l'implication des enfants dans les conflits armés interdit aux groupes armés distincts des forces armés d'un État d'enrôler et d'utiliser les mineurs de moins de 18 ans (la RCA a signé ledit protocole en 2010 sans l'avoir ratifié. Il n'en demeure pas moins que la signature produit des effets juridiques à minima). Quant au DIH, le Protocole II de 1977 relatif aux conflits armés non internationaux interdit à son article 4 toute participation directe et indirecte aux mineurs de moins de15 ans. Le statut de Rome, en article 8.2. b. xxvi et Art. 8.2.e. vii, dispose. :« Aux fins du Statut, on entend par crimes de guerre.... Le fait de procéder à la conscription ou à l'enrôlement d'enfants de moins de 15 ans dans les forces armées ou dans des groupes armés ou de les faire participer activement à des hostilités ».

249 *Bulletins d'informations de la MINUSCA*/#03/ février 2017, *op.cit.*, p.14.

Plusieurs stratégies ont donc été définies et élaborées au sein de la Section de protection des femmes de la MINUSCA. L'une de ces initiatives est la création de l'Unité Mixte d'Intervention Rapide et de Répression des violences sexuelles faites aux femmes et aux enfants (UMIRR) pour prévenir et réprimer toutes les formes de violences sexuelles commises sur les femmes et les enfants. Afin de leur permettre de sortir de la précarité grâce aux activités génératrices de revenus, des projets à effets rapides (QIP) ont été subventionnés avec de petits budgets.

Sur la problématique du genre, l'approche adopté par la Mission est pertinente dans la mesure où la Section genre qui y a été créée, fournit un appui technique et des orientations pour la prise en compte de la dimension genre, non seulement au sein de la vie politique nationale mais aussi au sein de la Mission. Malgré tous ces efforts, la marge d'inégalité demeure grande.

L'assistance humanitaire apportée aux déplacés et aux réfugiés centrafricains s'inscrivent dans le cadre général d'actions collectives et cordonnées de plusieurs organismes parmi lesquels, le Haut-commissariat des Nation Unies pour les réfugiés (HCR), le Bureau de la coordination des affaires humanitaires (BCAH/OCHA), le Programme alimentaire mondial (PAM) etc. Au-delà de sa présence dans les camps de déplacés dont elle assure la sécurité, la MINUSCA continue d'œuvrer pour la réinstallation des déplacés internes. Il faut tout de même ajouter aux actions de protections, celles connexes, de la réhabilitation des infrastructures sanitaires et administratifs, qui facilitent la réinstallation des populations déplacées.

Malgré les efforts consentis, il faut préciser qu'à cause de la situation sécuritaire qui demeure précaire, surtout à l'intérieur du pays où les attaques dirigées contre les populations civiles et le personnel humanitaire sont permanentes, les mouvements des populations continuent de plus belle et la crise humanitaire toujours inquiétante. La situation humanitaire au 20 février 2017 fait état d'environ 402 400 déplacés internes et 462 991 réfugiés dans les pays voisins alors même que ces chiffres[250] ne prennent pas en compte les populations qui se sont réfugiées dans les brousses en attendant l'instauration d'un environnement plus protecteur.

§ 2. l'instauration d'un environnement protecteur

La protection des civils vise aussi à s'assurer que les autorités et les autres acteurs respectent leurs obligations et les droits des individus afin de préserver la sécurité, l'intégrité physique et la dignité des personnes victimes d'un conflit armé ou d'autres situations de violence. La création d'un environnement protecteur dans le cadre de la Mission a consisté au renforcement des instruments et mécanismes juridiques de protection des droits de l'homme (A) ainsi qu'au rétablissement de l'appareil de défense et de sécurité de l'État (B).

A. Le renforcement du cadre juridique de protection des droits de l'Homme

Au-delà des droits et libertés fondamentaux proclamés dans la nouvelle constitution promulguée le 30 mars 2016, il est apparu impérieux de renforcer le cadre normatif et les mécanismes de protection et de promotion des droits de l'homme du pays.

---

250 OCHA, *République centrafricaine : aperçu humanitaire au 20 février 2017*, https://www.humanitarianresponse.info/system/files/documents/files/rca_ocha_170217humanitarian_snapshot.pdf

Sur le plan normatif, outre les conventions déjà ratifiées avant la crise[251], la Division des droits de l'homme (DDH) de la MINUSCA, en application de son mandat, a concouru à l'adhésion de la RCA à d'autres conventions en 2016. Il s'agit de la Convention contre la torture et autres peines ou traitements cruels, inhumains ou dégradants et son Protocole facultatif, de la Convention internationale pour la protection de toutes les personnes contre les disparitions forcées, et de la Convention relative aux droits des personnes handicapées. Quant au Protocole facultatif à la Convention relative aux droits de l'enfant, concernant l'implication d'enfants dans les conflits armés, elle n'a toujours pas été ratifiée ; alors même qu'elle s'avère prioritaire au regard de la situation des enfants dans le pays. Outre le plaidoyer, plusieurs activités de sensibilisation, de renforcement de capacité et de mise à niveau sont régulièrement organisées par la Division des droits de l'homme, afin d'outiller la population, mais aussi les autorités nationales qui ont la responsabilité première de protéger et de promouvoir les droits de l'Homme.

Pour ce qui relève des mécanismes de protection, le système judiciaire a été le plus atteint des trois pouvoirs traditionnels de l'État. Lors de la crise, les juges ont déserté les tribunaux qui ont été transformés en quartier général des groupes armés dans certaines localités. Dans ce pays où l'administration publique n'était pas familière au numérique, les archives des tribunaux et de l'administration pénitentiaire ont été simplement vandalisées, formatant de ce fait, la mémoire de l'appareil judiciaire. Tout au long de la transition (2013- 2016), très peu d'attention était accordée à l'impunité qui grandissait sans cesse. En dépit des sanctions imposés par les Nations Unies à certains dirigeants, surtout l'interdiction de

251 Voir note *supra.* 89.

voyager et qui n'est d'ailleurs pas respectée, et de l'arrestations de certains meneurs de troubles par la MINUSCA, conformément à son mandat, les vrais responsables des groupes armées qui ont commis d'énormes crimes, sont libres et ne sont vraiment pas inquiétés. Les procédures enclenchées en février 2014 par la Procureur de la CPI concernant les crimes commis à partir de 2012 dans le pays, avancent à pas de caméléon, comme à l'accoutumé. La compétence de la CPI n'étant que subsidiaire, la création de la Cour pénale spéciale devra permettre de juger les crimes les plus graves commis dans le pays. En attendant qu'elle soit opérationnelle, les victimes continuent par cohabiter avec leurs agresseurs.

Un autre mécanisme de protection des droits de l'homme dont la création a été suggérée par le Conseil de sécurité à travers le mandat assigné à la MINUSCA est l'Institution nationale des droits de l'homme. C'est ainsi que grâce au plaidoyer de la Division des droits de l'homme, la nouvelle Assemblée nationale a adopté le projet de loi portant création d'une Commission Nationale des Droits de l'Homme et des Libertés Fondamentales (CNDHLF), le 23 Mars 2017[252]. Cette Commission a pour mission d'appuyer l'État dans la promotion et la protection des droits de l'homme conformément aux « Principes de Paris » qui régissent le fonctionnement Institutions nationales des droits de l'homme.

Loin d'être le seul processus pouvant favoriser un environnement protecteur, le renforcement du cadre légal

---

252 Il faut noter qu'une Commission nationale des droits de l'homme a été créée par la loi no 91.009 du 25 septembre 1991 modifiée par la loi no 96.003 du 10 janvier 1996. Cependant, elle n'a jamais fonctionné malgré les recommandations régulières du Conseils des droits de l'homme pour sa revitalisation.

de protection est un complément au processus DDR et RSS.

B. La protection des civils par le traitement des armes

Dans le volet sécuritaire de la protection des civils, une attention particulière est accordée au désarmement des groupes armées, à l'éradication du commerce illicite des armes de légères et de petits calibres, au déminage et à la réforme des forces nationales de sécurité c'est-à-dire les forces militaires chargées de sécuriser les personnes et leurs biens et les forces policières chargées de maintenir l'ordre public interne.

Il faut rappeler que l'une des causes principales de la persistance des violences est la profusion des armes légères et de petits calibres. C'est ce qui justifie d'ailleurs l'embargo imposé par le Conseil de sécurité sur les armes à destination du pays. Cet embargo sur les armes est un préalable au processus de désarmement, démobilisation, réinsertion (DDR[253]) des combattants dans la mesure où il limite la mise en circulation de nouvelles armes.

Le processus consiste à recueillir des armes auprès des personnes armées, autres que les membres de l'armée nationale, à procéder au cantonnement des combattants, et à éliminer définitivement les armes saisies. L'accomplissement de cette tâche revient aux autorités nationales auxquelles la MINUSCA devrait apporter son appui conformément à son mandat.

En effet, une fois l'accord de DDR rendu possible grâce au forum de Bangui de 2015, il a été mis en place,

---

253 On parle parfois de DDRR entendu comme désarmement, démobilisation, réinsertion et rapatriement. Le rapatriement s'avère important dans certains cas comme celui de la RCA où il est établi que parmi les combattants, on retrouve des soudanais et des tchadiens.

une phase préparatoire du DDR destinée à offrir aux combattants des groupes armés, des alternatives à la violence en attendant de définir une stratégie globale de DDR proprement dit. Dans la mise en œuvre de cette phase préparatoire, les membres des groupes armés signataires de l'accord qui ont accepté de déposer les armes, ont bénéficié d'une prise en charge sous forme d'appui direct en vivres et en participation rémunérée à des projets d'intérêt communautaire tels que les Travaux à haute intensité de main d'œuvre (THIMO)[254]. Sur l'initiative de la MINUSCA et du PNUD, le « Projet pilote d'appui à la réinsertion des groupes armés, des jeunes à risque et des autres personnes affectées par le conflit armé en République Centrafricaine » a permis la création de 8000 emplois temporaires dans 5 régions (Bria, Bambari, Kaga bandoro, Bouar et Bangui)[255]. La Section de la gestion des armes et des dangers explosifs de la MINUSCA a pour sa part permis la destruction d'un total de 215,158 munitions, la construction et la réhabilitation d'armureries pour les forces nationales. Avec sa Section RSS, la MINUSCA en étroite collaboration avec la Mission européenne de formation des forces armées centrafricaines (EUTM-RCA) et d'autres acteurs internationaux impliquées dans le processus de RSS a participé à la vérification simplifiée de 2368 personnels sélectionnés des FACA en se basant sur les critères comme la non-violation des droits de l'homme et du droit humanitaire et la non-appartenance à un groupe armé actif. Cette vérification à laquelle s'ajoutent d'autres activités de

254 Voir le site de la MINUSCA : https://minusca.unmissions.org/mieux-comprendre-le-processus-de-d%C3%A9sarmement-d%C3%A9mobilisation-et-r%C3%A9insertion-ddr-en-rca

255 *Ibid.*

formation à l'art militaire et au maintien de l'ordre public, intervient en prélude à la Réforme du secteur de la sécurité (RSS) proprement dite dont la stratégie globale d'exécution doit être décidée au sein du Comité technique du Programme national de désarmement, démobilisation, réinsertion, de la réforme du secteur de la sécurité et de la Réconciliation nationale qui n'a tenu sa première réunion qu'en février 2017.

Le déploiement de la MINUSCA en 2014 était justifié par la nécessité d'éviter à cet État, une guerre civile d'une part et l'urgence de protéger la population civile d'autre part. S'il est vrai que la guerre civile a été évitée, il n'en demeure pas moins vrai que la protection des civils reste un défi complexe en dépit des efforts considérables déjà consentis. Dans ce contexte d'impunité généralisée, où l'État tarde à détenir le monopole de la violence légitime, les facteurs qui conditionnent l'efficacité de la MINUSCA dans sa mission principale de protection des civils sont à rechercher pour que l'objectif soit atteint.

Partie II.

De l'efficacité de la protection des civils par la MINUSCA

En prenant la relève de la Mission internationale de soutien à la Centrafrique sous conduite africaine (MISCA) en avril 2014, la MINUSCA, en synergie avec d'autres forces internationales a pu éviter à la RCA le gouffre du génocide dont la menace était grande et réelle. Même si les efforts déployés ont permis d'éviter des atrocités de masse supplémentaires, d'amorcer la reconstruction de la cohésion sociale et le retour à l'ordre constitutionnel, il n'en demeure pas moins vrai que la situation de la population civile demeure préoccupante. Les résultats obtenus marquent une avancée notable sur le plan politique, alors que sur d'autres plans notamment sécuritaire, humanitaire et socio-économique, l'impact n'est que faiblement ressenti ; surtout dans l'arrière-pays où sévissent encore les groupes armés. L'instauration d'un environnement sécuritaire étant la condition préalable pour la jouissance des droits civils, politiques, économiques, sociaux et culturels d'une part et pour toute autre initiative de sortie de crise d'autre part, nous nous focaliserons davantage sur cet aspect sécuritaire de la protection.

La MINUSCA répond- elle aux attentes des populations ? Quelles sont les causes de son bilan à double teinte (Chapitre I) ? Quel remède pour quelle efficacité (Chapitre II) ? Telles seront les questions autour desquelles s'articulera notre réflexion dans cette deuxième partie.

Chapitre I. Les obstacles à l'efficacité des actions de protection des civils

Une partie des difficultés de la MINUSCA réside sans doute dans la complexité de la mission qui est la sienne ; surtout celle relative à la protection des civils. Certes il a fallu d'abord mettre en place des autorités auxquelles revenait la responsabilité principale de la protection des civils et de l'administration de la justice. Mais, l'attente d'une population exposée à des violences, comme celle centrafricaine, est d'être immédiatement secourue, plutôt que d'être invitée à élire un quelconque dirigeant ou à participer à un quelconque dialogue politique. Les causes du résultat mitigé de la protection des civils ne sont nullement spécifiques à la MINUSCA. Elles sont à la fois liées à la très grande faiblesse de l'État centrafricain, aux limites structurelles et opérationnelles de la Mission (Section II) d'une part, et à la persistance des atteintes aux droits de l'homme qui demeurent impunies (Section I) d'autre part.

SECTION I.
LES OBSTACLES LIÉS À LA PERSISTANCE DES ATTEINTES AUX DROITS DE L'HOMME ET À L'IMPUNITÉ

La MINUSCA, après avoir réussi à ramener un semblant de paix au cours de sa première année de déploiement, n'a pas pu empêcher la hausse d'abus et de violations de droits de l'homme, de plus de 70 %, entre juin 2015 et mai 2016[256]. Et depuis, la situation n'a véritablement pas changé. Elle reste marquée par la forte présence de groupes armés sur l'ensemble du territoire national (§1). Toutefois, ces groupes armés ne sont pas les seuls à ne pas respecter les droits de l'homme et le droit des conflits armés. Aussi regrettable que cela puisse paraitre, la violation des droits de l'homme est aussi attribuable aux forces armées règlementaires censées protéger les civils (§2).

§ 1. Abus attribués aux groupes armés

Les abus et exactions contre les populations civiles incluent des meurtres, des actes de torture et de traitements inhumains et dégradants, des arrestations arbitraires, des violences fondées sur le genre, et des actes de racket et d'extorsion. Ils sont les faits de groupes armés aux motivations diverses (A) contre lesquelles les sanctions internationales et nationales sont sans effet (B).

256 MINUSCA, « Rapport sur la situation des droits de l'homme en République centrafricaine du 1er juin 2015 au 31 mars 2016 », décembre 2016, p.6.

A. La prolifération de groupes armés éclectiques, non structurés et aux motivations diverses [257]

Il est difficile de se livrer à une étude sociologique des motivations des groupes armés et d'en ressortir des données sûres. D'abord, s'il ressort régulièrement des rapports officiels que le conflit oppose les séléka (désormais ex-séléka) et les Antibalaka, la réalité fait état de la présence de 14 groupes armés[258], outre la LRA, présent au sud-est du pays, dans la préfecture du Mbomou, une riche zone minière. Ensuite, les instances dirigeantes de ces groupes armés sont quasi inexistantes, pour autant qu'ils soient dirigés. Enfin, les luttes au sein des factions armées, la circulation des armes, et l'absence de l'autorité de l'État rendent plus que difficile la protection des civils.

En effet, à la dissolution de la séléka par le décret n°13.334 du 12 septembre 2013, la coalition, s'est désintégrée pour accoucher du Front populaire pour la renaissance de la Centrafrique (FPRC) sous le contrôle de Nourredine Adam, qui occupe le poste de premier vice-président du groupe, et de Michel Djotodia qui en est le président. La sphère d'influence du groupe s'étend des préfectures de la Haute-Kotto, à celles de Vakaga et Bamingui-Bangoran, situées au nord-centre du pays[259]. À l'origine de la scission, certains chefs à l'instar de Michel Djotodia et Noureddine Adam, prônent la partition du

---

257 Pour une étude détaillée sur les groupes et leurs motivations lors de la crise de 2013, se rapporter à : WEYNS (Y.), HOEX (L.), HILGERT (F.), SPITTAELS (S.), « Cartographie des motivations derrière les conflits : la République centrafricaine », 2014, *op.cit.*

258 Dans ce sens, voir la Déclaration du Président Touadera au Conseil de sécurité le 16 mars 2017 ; S/PV.7901

259 WEYNS (Y.), HOEX (L.), HILGERT (F.), SPITTAELS (S.), « Cartographie des motivations derrière les conflits : la République centrafricaine », 2014, *op.cit.*, pp. 14-45.

pays et la création d'un nouvel État indépendant dans le nord-est, appelé « Dar el Kouti », tandis que d'autres dirigeants du même groupe y sont opposés. Dans l'impasse, Mohammed Dhaffane, dirigeant fondateur de la séléka et Taïb Yacoub, troisième vice-président du mouvement ont été suspendus de leurs fonctions pour « haute trahison ». Il ressort de l'analyse des luttes intestines que certains militent pour la partition du pays tandis que d'autres combattent pour des intérêts économiques dans le commerce illégal des diamants et pour l'obtention de postes ministériels. Ce grabuge entre factions rivales, jadis réunies au sein de la séléka, conduit à des affrontements réguliers entre les combattants fidèles à Joseph Zoundéko (FPRC) d'une part, et les fidèles d'Ali Darassa (UPC) et de Mahamat Al Khatim (MPC) d'autre part.

Quant aux milices antibalaka, elles sont composées de jeunes désœuvrés, victimes directes ou indirectes de la violence de la séléka, et des membres des FACA, de la Garde présidentielle et de la Gendarmerie. Ces jeunes partisans, « civils participants directement aux hostilités », demeurent des civils, mais ne constituent pas des civils protégés aussi longtemps qu'ils participent aux hostilités, conformément au DIH. L'identification du groupe et l'appréhension de son effectif sont difficiles d'autant plus qu'il bénéficie régulièrement de la participation temporaire de certains villageois pour la défense de leur village. Ces participants, souvent des chrétiens, sont donc associés aux antibalaka, le temps que dure la défense de leur village. En dépit des efforts des anciens membres des FACA de donner au mouvement une forme de structure officielle, la coalition est demeurée informelle, composée de plusieurs groupes armés, chacun avec ses commandants locaux et sans leader politique[260]. Avec le temps, la motivation d'autodéfense qui a initialement fondé les actions des antibalaka s'est amenuisée pour laisser place à la vengeance contre des populations musulmanes, à l'ouest du pays où ils règnent[261].

Il découle de l'observation des dynamiques du conflit que les objectifs des uns et des autres sont mouvants et ne sont pas les mêmes. Toutefois, un autre point commun aux éléments de l'ex-séléka et aux antibalaka, mais plus visible chez les ex-séléka, c'est la lutte pour le contrôle des zones minières (Boda, Bria, Bambari, Berbérati, Ippy, Carnot, Yaloke). Ce qui compte désormais pour les ex-séléka, ce n'est plus tellement une justice socio-économique pour tous comme ils l'ont martelée au départ. Les violences intestines ou rivales, qu'elles soient pour des intérêts économiques ou pour des motifs religieux, revêtent désormais une nature criminelle, mafieuse, sans considération aucune pour les populations locales et en toute impunité.

B. L'impunité des responsables des groupes armés

Comme indiqué dès les premières lignes de notre travail, bien qu'ils ne soient pas partis aux instruments internationaux relatifs aux droits de l'Homme et au droit international humanitaire, les groupes armés sont des titulaires d'obligations quand ils deviennent les autorités de facto ou quand ils détiennent le contrôle effectif sur un

---

260 WEYNS (Y.), HOEX (L.), HILGERT (F.), SPITTAELS (S.), « Cartographie des motivations derrière les conflits : la République centrafricaine », 2014, *op.cit.*, p.48.

261 WEYNS (Y.), HOEX (L.), HILGERT (F.), SPITTAELS (S.), « Cartographie des motivations derrière les conflits : la République centrafricaine », 2014, *op.cit.*, pp. 46-59.

territoire et y exercent certaines fonctions gouvernementales. À ce titre, le Conseil de sécurité, à travers ses résolutions, a toujours appelé ces groupes à déposer les armes et à ne pas exercer de violence contre les populations civiles. Toutefois, la persistance des violences exercées par les groupes armés à l'encontre des populations civiles au mépris desdites résolutions, des lois nationales, du droit international humanitaire et des instruments internationaux relatifs aux droits de l'Homme, a conduit le CS à créer un Comité de sanction pour la RCA, chargé de surveiller l'application des mesures de sanctions ciblées imposées à des personnes et entités que ledit Comité aura désignées. C'est ainsi que certaines personnes ont été interdites de voyage, d'autres, leurs avoirs gelés[262]. Malheureusement, il est établi qu'en l'absence de coopération des États impliqués et de la bonne volonté des autorités centrafricaines, ces mesures apparaissent en fin de compte comme de simples menaces sans effets réels et qui n'empêchent guère les fauteurs de troubles à continuer leur besogne.

D'abord, sur la liste des sanctions, il est regrettable de constater que les noms de certains chefs de guerre n'y figurent pas. Pourtant, ils sont régulièrement cités dans les rapports officiels comme instigateurs d'attaques contre les civils et dont les agissements répondent aux critères d'éligibilité aux mesures de sanctions[263]. C'est le cas du

---

262 Fin mars 2016, 10 personnes et deux entités sont inscrites sur la liste.

263 D'après les paragraphes 36 et 37 de la résolution 2134 (2014), peuvent être inscrites sur la liste du Comité, ceux qui : « se livrent ou apportent un appui à des actes qui compromettent la paix, la stabilité ou la sécurité de la République centrafricaine; agissent en violation de l'embargo sur les armes; préparent, donnent l'ordre de commettre ou commettent des actes qui violent le droit international des droits de l'homme ou le droit international humanitaire, ou qui constituent des …/…

sulfureux Ali Darassa de l'UPC, de Mahamat Al Khatim du MPC, du Général Joseph Zoundéko et de Michel Djotodia du FPRC ; pour ne citer que ceux-là[264]. L'absence de l'ex-putschiste, président de l'ex séléka/FPRC Michel Djotodia, sur ladite liste parait absurde d'autant plus que son adjoint Nourredine Adam s'y trouve et que, par ailleurs, les mêmes faits qui sont reprochés à Bozizé, peuvent lui être également reprochés[265].

---

atrocités ou des atteintes aux droits de l'homme ou des violations; recrutent ou utilisent des enfants dans le conflit armé en République centrafricaine; apportent un appui aux groupes armés ou aux réseaux criminels par l'exploitation illégale des ressources naturelles; font obstacle à l'acheminement de l'aide humanitaire destinée à la République centrafricaine, à l'accès à cette aide ou à sa distribution dans le pays; préparent, donnent l'ordre de commettre, financent ou commettent des attaques contre les missions des Nations Unies ou les présences internationales de sécurité; dirigent une entité désignée par le Comité, lui apportent un soutien ou agissent en son nom, pour son compte ou sur ses instructions ». Le Paragraphe 17 c) de la résolution 2339 (2017) a étendu les critères aux personnes et entités que le Comité aura désignées comme « préparant, donnant l'ordre de commettre ou commettant des actes de violence sexuelle ou sexiste en République centrafricaine ».

264 Plusieurs affrontements ont eu lieu et continuent d'avoir lieu entre les hommes du Général Joseph Zoundeko, chef d'état-major Goula du FPRC et les combattants Peuls du « Général » Ali Darass et d'Al Khatim à Bria et à Bambari. Voir, RJDH-RCA (Réseau des journalistes pour les Droits de l'homme), « Centrafrique : la ligne rouge de la Minusca à Bambari, n'est pas le mur de Berlin, menace le général Joseph Zoundéko du FPRC », 10 février 2017. Quant à Mahammat Al Khatim, ex-libérateur tchadien et commandant du MPC, il est connu pour avoir plusieurs fois lancé des attaques meurtrières contre les forces internationales notamment à à Boguila (mai 2014) et à Batangafo (Juillet 2014).

265 Les Etats-Unis d'Amérique ont quant à eux sanctionnés Michel Djotodia et 4 autres personnes dont Bozizé et Nourroudine Adam. Voir : Executive Order 13667 of May 12, 2014, *Blocking Property of* .../...

Ensuite, l'interdiction de voyager imposée à Bozizé et à Nourroudine n'a pas empêché ceux-ci de se déplacer allègrement à travers de grandes capitales, au vu et au su de tous[266]. Alfred Yekatom, un individu visé par des sanctions, est non seulement élu député, mais continue de recevoir son traitement de parlementaire, en violation du gel de ses avoirs[267]. Tel est également le cas d'Eugène Ngakosset, qui est réintégré dans l'armée et a continué par recevoir sa solde d'officier de l'armée[268]. Malgré l'embargo sur les armes, des armes et munitions continuent d'affluer illégalement dans le pays par des voies d'approvisionnement provenant d'États voisins, à l'est du pays, par Am Dafok, au nord de Birao, à la frontière du Soudan, et par Bema, au sud-est de

---

Certain Persons Contributing to the Conflict in the Central African Republic, in Federal Register / Vol. 79, No. 94 / Thursday, May 15, 2014 / Presidential Documents.

266 Voir en ce sens, le *Rapport final du Groupe d'experts sur la République centrafricaine ;* S/2016/1032 du 5 décembre 2016, p.15-18.

267 Voir la déclaration du Président du Comité de sanction au Conseil de sécurité, S/PV.7884, *op.cit.*, p.9, du 15 février 2017.

268 Le cas d'Eugène Ngakosset décrit bien le manque de volonté des autorités et les limites de l'action du Comité. En effet, à la suite du mandat d'arrêt émis le 2 avril 2014 contre lui, en raison de son rôle dans les violences commises au nord-est du pays sous le gouvernement de François Bozizé, il a été arrêté à Bangui le 12 mai 2015 mais a réussi à s'évader de la Section Recherche et investigation de la gendarmerie nationale de Bangui, 8 jours plus tard. Il fut ensuite réintégré au sein des FACA. Pour ce qui est de la mise en œuvre du gel de ses avoirs, la banque Ecobank qui héberge le compte gelé de l'officier estime que le gel effectif des avoirs devait être décidé par le Gouvernement centrafricain et que la banque ne bloquait les virements sur un compte donné qu'à la demande du Ministère des finances et du budget. Au Ministère de la défense, on estime que la solde de Ngaïkosset ne sera suspendue que lorsqu'il sera condamné. Voir, S/2016/1032 du 5 décembre 2016, *op.cit.,* p.16-17

Bangassou, à la frontière de la République démocratique du Congo[269]. Somme toute, ces limites de l'efficacité des mesures coercitives du Conseil de sécurité et son incapacité à sanctionner les violations de ses mesures de sanctions ne sont que la conséquence de ses moyens d'action restreints, face à des États indifférents à la mise en œuvre de ces mesures de sanctions[270].

Au plan national, le manque de volonté de sanctionner les chefs de guerre et de les poursuivre pénalement, se traduit parfois par leur nomination à des postes de responsabilité, ou à leur relaxe pure et simple au cas où la MINUSCA arrive à les appréhender. Sur 21 personnes nommément désignées en 2014 par Amnesty International et contre lesquelles existaient des raisons sérieuses de penser qu'elles avaient commis des crimes de droit international, seules 2 ont été arrêtées à la fin janvier 2017[271].

Enfin, la suspension de la RCA du Processus de Kimberley, le 23 mai 2013, n'a eu aucune conséquence sur le commerce illégal de diamant par le Tchad et le Soudan qui ne font pas partie du Processus. Ainsi, selon le Groupe d'experts sur la République centrafricaine, environ 140 000 carats de diamants d'une valeur de 24 millions de dollars des États-Unis ont été exportés clandestinement

---

269 S/PV.7884, *op.cit.*, p.7.

270 Voir, THOME (N.), *Les pouvoirs du Conseil de sécurité au regard de la pratique récente du Chapitre VII de la Charte des Nations unies,* Presses Universitaires d'Aix-Marseille, 2005, 438 p.

271 Amnesty International, « RCA : des criminels de guerre en liberté », 11 janvier 2017 ; Amnesty International, « République centrafricaine. Le long chemin vers la justice l'obligation de rendre des comptes », janvier 2017, 54 pages.

entre mai 2013 et septembre 2014[272]. Ce commerce illégal aurait initialement été rendu possible grâce au recours à la pratique de faux certificats sous Michel Djotodia et Herbert Djono, alors respectivement Président et ministre des Mines, qui ont enfreint les procédures officielles en matière d'octroi de permis miniers et de paiement de bonus de signature. Au Sud, le commerce illégal de l'or, d'ivoire et le braconnage a continué de plus belle dans les zones occupées par la LRA.

Par ailleurs, s'il est démontré que les groupes armés sont les acteurs par excellence des atteintes aux droits de l'homme et du DIH, il n'en demeure pas moins vrai que les forces réglementaires y ont aussi leur part de responsabilité.

§ 2. Les atteintes aux droits de l'homme par les forces gouvernementales

La situation se complique lorsque les forces gouvernementales en viennent à commettre eux aussi de graves crimes et des actes d'inconduite contre les populations qu'ils ont pour mandat de protéger. Par forces armées gouvernementales, nous entendons ici, les forces armées et de sécurité intérieure centrafricaine d'une part et les forces armées internationales d'autre part. Ces forces se sont vues confier la noble tâche de protection des civils, mais à des degrés divers. Étant donné que la responsabilité première de protection des civils incombe à l'État centrafricain, il appert que ses forces endossent la responsabilité première de cette protection, à laquelle contribuent les forces internationales. Même si les actions

272 « En mai 2014, les autorités belges ont saisi 6 634 carats qui avaient été expédiés via Kinshasa puis Doubaï à Kardiam, société sise à Anvers (Belgique) », voir S/2014/762, p.3.

de chacune de ces forces n'ont pas la même base juridique, elles ont toutes, l'obligation de respecter les instruments internationaux relatifs aux droits de l'Homme en temps de paix qu'en temps de guerre. Seulement en RCA, à défaut de protéger convenablement les civils, les forces armées gouvernementales, tant nationale qu'internationale ont été des auteurs d'actes contraires auxdits textes (A) ; qui demeurent, ici aussi, non sanctionnés (B).

A. Des actes préjudiciables à la Mission

À la suite de la dissolution de la séléka par Michel Djotodia, alors Président autoproclamé, celui-ci a rétabli les FACA dans leurs fonctions de forces légitimes du pays sous la pression internationale. Sauf que l'échec de cette tentative était prévisible pour deux raisons essentielles. Primo, du fait que le pays n'a jamais eu de forces armées républicaines dignes de ce nom, dès la victoire de la séléka sur les FACA, une grande partie de cette dernière a rejoint les différents groupes armés, surtout les antibalaka qui seraient à la solde de Bozizé. Ils n'ont jamais perdu leur poste au sein des forces de sécurité et des forces armées nationales ; certains ont même été réintégrés en dépit de violations des droits de l'homme pendant la crise. Secondo, pour consolider son pouvoir, Djotodia a intégré dans lesdites forces nationales de défense et de sécurité intérieure, des anciens combattants de la séléka et les a promus à des rangs supérieurs dans toutes les régions du pays[273]. Dès lors il était impossible de distinguer avec certitude les vrais FACA des rebelles séléka. Sous Djotodia, les forces nationales n'étaient que la « séléka institutionnalisée ou officialisée ». Dans ce clair-obscur

---

[273] S/2013/787, §11.

entretenu dès le début de la crise, l'Office central de répression du banditisme, les forces nationales, surtout les FACA ont régulièrement fait un usage disproportionné de la force. Ils auraient également été responsables d'exécutions extrajudiciaires de civils et de combattants[274]. Face au dysfonctionnement du système judiciaire et l'absence d'autorités judiciaires, la pratique de la détention arbitraire dans des conditions non respectueuses de la dignité humaine et sans intervention d'un avocat a été généralisée[275].

Rappelons que les exécutions extrajudiciaires constituent une violation du droit à la vie en vertu de l'article 6 du PIDCP. Dans le contexte de conflit armé, ces meurtres peuvent également constituer des crimes contre l'humanité ou des crimes de guerre conformément aux articles 7 et 8 du Statut de Rome de la CPI. Ces atteintes intentionnelles au droit à la vie et à l'intégrité physique constituent sans aucun doute une violation du DIDH et du DIH, reprises dans le droit positif national auquel demeurent soumises ces forces.

Plusieurs atteintes aux droits de l'homme auraient été commises par des soldats appartenant à plusieurs contingents internationaux opérant sous l'égide de la MISCA, de la Sangaris et de la MINUSCA. Les allégations portaient sur l'usage excessif de la force, des disparitions forcées, des cas d'exploitation, d'exploitation et d'abus sexuels, de torture et d'exécution extrajudiciaire.

---

274 MINUSCA, « Les violations des droits de l'Homme et du DIH à Bangui entre le 26 septembre et le 20 octobre 2015 », p. 22. ; MINUSCA, « Rapport sur la situation des droits de l'homme en République centrafricaine du 1er juin 2015 au 31 mars 2016 », *op.cit.*, p.17. ; S/2016/305.

275 L'article 9 du PIDCP interdit l'arrestation illégale et la détention illégale.

À titre illustratif, le contingent congolais de la MISCA a été accusé d'être responsable de la disparition forcée de 12 personnes à Boali, le 24 mars 2014[276]. Quatorze soldats français de la Sangaris ont été impliqués dans des affaires d'abus sexuel sur mineurs et en 2016, 52 allégations du même type portaient sur plusieurs contingents de la MINUSCA.

Parmi les forces gouvernementales internationales impliquées, il y a celles qui sont sous le commandement des Nations Unies (MINUSCA) et celles qui ne le sont pas, mais autorisées par le Conseil de sécurité (MISCA, Sangaris). Elles sont tenues de respecter le DIDH et les normes coutumières du DIH dans l'exécution de leur mandat[277]. Le fait qu'elles aient été mandatées par le

276 Voir le *Rapport final de la Commission d'enquête internationale sur la République centrafricaine*, S/2014/928 du 22 décembre 2014, p. 114-118 ; Pour les détails, voir Human Right Watch, « République centrafricaine : Des soldats chargés du maintien de la paix accusés d'exactions », 2 juin 2014.

277 L'applicabilité du DIH aux Casques bleus a été pendant longtemps l'objet de débats, puisqu'on supposait que l'ONU, n'était pas partie aux Conventions de Genève d'une part et que les Casques bleus, par principe, ne sont pas des forces coercitives et l'impossibilité de mettre en œuvre certaines dispositions, notamment celles relatives aux prisonniers de guerre ou à la répression pénale des infractions graves, d'autre part. (Voir note de bas de page intro). La question a été éludée par l'article 2.2 de la Convention sur la sécurité du personnel des Nations unies et du personnel associé, adoptée par l'Assemblée générale des Nations unies le 9 décembre 1994 (A/rés. /49/59) et entrée en vigueur le 15 janvier 1999 et la Circulaire du Secrétaire général, du 6 août 1999, relatif au *Respect du droit international humanitaire par les forces des Nations Unies* ; ST/SGB/1999/13. En définitive, le DIH reste applicable aux Casques bleus *mutatis mutandis*, c'est-à-dire en tenant compte des spécificités propres de l'ONU.

Conseil de sécurité ne saurait les exonérer de leurs obligations en matière de droits de l'homme[278].

Selon l'article 2 de la Convention internationale pour la protection de toutes les personnes contre les disparitions forcées de 2006, entrée en vigueur en 2010, on entend par disparition forcée, « l'arrestation, la détention, l'enlèvement ou toute autre forme de privation de liberté par des agents de l'État ou par des personnes ou des groupes de personnes qui agissent avec l'autorisation, l'appui ou l'acquiescement de l'État, suivi du déni de la reconnaissance de la privation de liberté ou de la dissimulation du sort réservé à la personne disparue ou du lieu où elle se trouve, la soustrayant à la protection de la loi ». Sa pratique systématique et généralisée constitue un crime contre l'humanité, passible de poursuites devant les juridictions pénales internationales. La prohibition de la torture est une norme de *Jus cogens* qui s'impose à tous les États, qu'ils aient ou non ratifié la Convention contre la torture et autres peines ou traitements cruels, inhumains ou dégradants de 1984.

Il en ressort donc que les faits reprochés aux forces gouvernementales sont de graves violations de droits de

---

278 En ce sens, le Comité des droits de l'Homme du PIDCP rappelait dans *l'Observation générale No. 31 [80]* du 29 mars 2004 que « la jouissance des droits reconnus dans le Pacte, loin d'être limitée aux citoyens des États parties, doit être accordée aussi à tous les individus, quelle que soit leur nationalité ou même s'ils sont apatrides, par exemple demandeurs d'asile, réfugiés, travailleurs migrants et autres personnes qui se trouveraient sur le territoire de l'État partie ou relèveraient de sa compétence. Ce principe s'applique aussi à quiconque se trouve sous le pouvoir ou le contrôle effectif des forces d'un État partie opérant en dehors de son territoire, indépendamment des circonstances dans lesquelles ce pouvoir ou ce contrôle effectif a été établi, telles que les forces constituant un contingent national affecté à des opérations internationales de maintien ou de renforcement de la paix. » ; CCPR/C/21/Rev.1/Add.13, § 10.

l'homme qui peuvent engager la responsabilité pénale de leur auteur et celle de l'État en cas de non-poursuite. Toutefois, le traitement réservé à ces cas de violations a révélé la lassitude de tous les acteurs, y compris les Nations Unies.

B. Le traitement mitigé des cas de violation de droits de l'homme attribués aux forces gouvernementales

La répression pénale des violations dont se seraient rendues les forces armées nationales s'enlise dans le contexte d'impunité généralisé qui règne et sur lequel nous ne reviendrons plus. Elle rejoint donc le cas des groupes armés qui, tous les deux doivent être résolus par la Cour pénale spéciale et les juridictions ordinaires.

Rappelons tout de même que le DIDH et le DIH mettent à la charge des États des obligations ; lesquelles doivent être exécutées de bonne foi selon le principe de droit international *Pacta sunt servanda*[279]. Le manquement d'un État à son obligation internationale constitue un fait internationalement illicite pouvant engager sa responsabilité selon le projet d'articles sur la responsabilité de l'État pour fait internationalement illicite, rédigé par la Commission du droit international (CDI) en 2001. Ainsi, des traités des droits de l'homme et du DIH, découle l'obligation pour l'État de poursuivre et de sanctionner les auteurs d'abus de droits de l'homme. Toute omission ou tout manque de diligence de sa part dans la prévention ou la répression de ces atteintes emporte sa responsabilité. Il en est de même des violations

---

279 Convention de Vienne sur le droit des traités, art. 26.

commis par les organes de cet État, y compris ses forces armées[280].

Pour ce qui concerne les forces internationales, il convient de distinguer une fois encore, les forces habilitées (Sangaris, MISCA), des forces sous commandement de l'ONU. En effet, les soldats de la MISCA (UA) et surtout de la Force Sangaris (France) restent sous le commandement et le contrôle des États contributeurs, le pouvoir du CS étant limité à la possibilité de retirer son autorisation ou d'en délimiter sa portée. La seule forme de contrôle qu'exerce le CS sur ces forces étrangères est l'obligation pour ces dernières de rendre des rapports périodiques. Assurément, cette forme de contrôle ne répond pas au « contrôle effectif » exigé à l'article 7 du Projet d'articles sur la responsabilité des organisations internationales pour attribuer la responsabilité de ces comportements à l'Organisation[281].

---

280 Voir *l'Annuaire de la Commission du droit international, 2001,* vol. II (2), p. 26.

281 A priori, cette position n'est pas partagée par la Cour européenne des Droits de l'Homme (Cour EDH) qui, dans l'arrêt *Berhami c. France et Saramati c. France, Allemagne et Norvège,* requête n° 71412/01 et 78166/01, (Grand Chambre), du 2 mai 2007, a estimé qu'il suffisait de se référer au statut de l'Opération prévoyant qu'elle était autorisée par le CS de l'ONU en vertu du Chapitre VII de la Charte, pour que tous les faits soient exclusivement imputables à l'ONU. Dans cet arrêt, la Cour a retenu le « contrôle ultime » comme critère d'attribution, ce qui diffère du « contrôle effectif » prévu par le Projet d'articles de la CDI. Cette décision a été critiquée parce qu'elle méconnaissait les règles de commandement et de contrôle qui s'appliquent réellement aux opérations autorisées (UN Doc. A/CN.4/637/Add.1, p. 13.) ; Pour les critiques, voir : KLEIN (P.), « Responsabilité pour les faits commis dans le cadre d'opérations de paix et étendue du pouvoir de contrôle de la Cour européenne des droits de l'homme : quelques considérations critiques sur l'arrêt Behrami et Saramati », in *Annuaire Français de Droit International (AFDI),* Vol. 53, 2007, pp. 43-64. En outre, le fait que l'ONU puisse .../...

Par conséquent, les actions menées par ces forces armées engagent donc la responsabilité de leurs États, à laquelle peut s'ajouter, dans le cas de violations graves du droit humanitaire et des droits de l'Homme, la responsabilité pénale et individuelle de leurs auteurs.

Parmi les allégations de violations dont elles se seraient rendues coupables, celles d'exploitation et d'abus sexuels (EAS) ont été le plus offusquant. En 2016, sur 103 allégations d'EAS dans les OMP, 50 % concernaient la MINUSCA, 18 % dans la MONUSCO et 32 % dans les autres Missions[282]. Les Casques bleus sont régulièrement mis en cause dans des scandales sexuels, malgré toutes les dispositions prises par l'Organisation[283].

La stratégie adoptée consiste à prévenir les exploitations et abus sexuels par la formation des contingents, l'élaboration de normes de conduite et l'application de sanctions administratives en cas d'inobservation desdites normes. Toutefois, même si elle était conforme à l'esprit de l'Article 101, paragraphe 3, de la Charte qui exige que les fonctionnaires possèdent les plus hautes qualités d'intégrité, la politique dite de

---

voir sa responsabilité engagée du fait de l'autorisation est sans préjudice de la responsabilité de l'État auquel le comportement des soldats concernés doit être attribué.

282 Voir *Factsheet on peacekeeping initiatives for addressing sexual exploitation and abuse*, mars 2017, disponible à https://conduct.unmissions.org/sites/default/files/factsheet_v._8_march_2017.pdf , consulté le 27avril 2017.

283 Circulaire du Secrétaire général relative aux *dispositions spéciales visant à prévenir l'exploitation et les abus sexuels*, ST/SGB/2003/13 du 9 octobre 2003 ; Rapport relative à la *Stratégie globale visant à éliminer l'exploitation et les abus sexuels dans les opérations de maintien de la paix des Nations Unies* (A.59.710), Voir aussi : A/69/779 ; A/68/756 ; A/67/766 ; A/66/699 ; A/65/742 ; S/RES/1820 (2008); S/RES/2272 (2016).

tolérance zéro, le moins qu'on puisse dire, peine à éradiquer les EAS dans les OMP.

D'abord, aux Nations Unies, les EAS sont considérés comme « des infractions aux normes et principes juridiques internationaux universellement reconnus [284]» qui exposent le fonctionnaire coupable à « de sanctions disciplinaires, pouvant aller jusqu'au renvoi sans préavis[285]». Mais en vertu des accords conclus avec l'ONU, les membres militaires des contingents sont soumis en matière pénale et disciplinaire à la juridiction exclusive de l'État participant dont ils sont ressortissants[286]. Aussi, la mise en œuvre de la responsabilité pénale des membres de la Mission n'est possible que si l'immunité dont jouissent la Mission et ses fonctionnaires est levée par le SG[287]. En d'autres termes, si les pays fournisseurs de contingents à la MINUSCA et

---

284 ST/SGB/2003/13, op.cit., Section 3.1. ; La Résolution S/RES/1820 du 19 juin 2008 identifie les EAS comme des crimes non amnistiables.

285 ST/SGB/2003/13, op.cit., Section 3.3.

286 Voir A/61/494 relative au *Projet révisé de modèle de mémorandum d'accord entre l'Organisation des Nations Unies et [l'État participant] fournissant des ressources à une [opération de maintien de la paix des Nations Unies]* du 3 octobre 2006.

287 En vertu de l'article 2 de la Convention sur les privilèges et immunités de l'ONU du 13 février 1946, elle-même ayant pour fondement l'article 105 de la Charte de 1945, l'Organisation, ses biens et locaux bénéficient d'une immunité de juridiction. La MINUSCA est un organe subsidiaire crée par le Conseil de Sécurité. Selon la Convention sur la protection du personnel des N.U. et personnel associé de 1994, les Casques bleus font partie du personnel des Nations Unies. Par conséquent, ils jouissent de ladite immunité à moins que le Secrétaire général décide de la lever conformément aux Sections 20 et 23 de la même Convention de 1946. Ces privilèges et immunités sont reprises dans l'accord sur le statut de l'opération entre l'ONU et le pays hôte.

la France choisissent de ne pas exercer leur compétence ou mènent une procédure pénale déficiente, l'ONU, la RCA, et les victimes n'ont presque pas d'autres recours juridictionnels[288]. Par ailleurs les mêmes faits peuvent être imputés à l'ONU si l'on s'en tient aux articles 6 et 7 du Projet d'articles sur la responsabilité des organisations internationales : l'article 6 parce que la MINUSCA est un organe subsidiaire et les Casques bleus des personnels de l'Organisation ; l'article 7 parce que les Casques bleus sont soumis au « contrôle effectif [289]» de l'ONU.

---

288 On aurait pu compter, en dernier ressort, sur le dynamisme légendaire de la Cour européenne des Droits de l'Homme pour ce qui concerne les faits imputables à la Force française. Malheureusement comme déjà relevée, elle s'est abstenue dans l'arrêt *Berhami c. France et Saramati c. France, Allemagne et Norvège*, d'attribuer les faits aux États mis en cause. Toutefois, dans un second arrêt, la CEDH a relativisé sa position en tenant compte, cette fois ci, aussi bien du « contrôle ultime » et du « contrôle effectif », pour attribuer dans une certaine mesure les comportements des Soldats à l'État contributeur : CEDH, *Al-Jedda c. Royaume-Uni,* requête n° 27021/08, Jugement (Grande Chambre), 7 juillet 2011.

289 La question de la signification du « contrôle effectif » et de son effectivité dans les OMP s'est posée, d'autant plus que, même sous commandement et contrôle des Nations Unies, les Casques bleus restent soumis aux règles disciplinaires et aux juridictions pénales de leur pays de provenance. Quoique complexe soit la question, la doctrine estime que « si le soldat de la paix exécutait des fonctions sous l'autorité officielle de l'organisation (tel l'engagement dans des activités liées au combat et tombant sous le contrôle opérationnel de l'ONU), s'en suit une présomption selon laquelle le comportement ultra vires doit être attribué à l'organisation. Cette présomption peut être renversée s'il est démontré que le soldat de la paix avait agi sur les instructions de l'État d'envoi », PALCHETTI (P.), « La répartition de la responsabilité pour faits internationalement illicites commis au cours d'opérations multinationales », *Revue internationale de la Croix-Rouge*, Volume 95 Sélection française 2013 / 3 et 4, pp. 199-215. En définitive, le fait que l'ONU puisse voir sa responsabilité …/…

Ensuite, il faut relever que la définition des EAS[290] retenue par les Nations Unies peut ne pas coïncider avec celle des législations internes des États fournisseurs. Les éléments de preuve recueillis par les comités d'enquête des missions peuvent s'avérer insuffisants ou non conformes au regard de la législation pénale interne.

Enfin, le cas des forces multinationales ou extérieures au commandement des Nations Unies est plus complexe d'autant plus qu'elles ne sont pas soumises aux mêmes règles que les Casques bleus et surtout que le Secrétaire général n'a à leur égard aucune compétence[291]. Il n'est donc pas surprenant que ces pays rechignent souvent à agir sur la base des procédures de l'Organisation d'une part et que cette dernière, ayant pour politique de ne pas communiquer de pièces qui risquent d'être utilisées par des tiers pour se retourner contre elle, s'abstienne de

---

engagée est sans préjudice de la responsabilité de l'État auquel le comportement des soldats concernés doit être attribué.

290 Selon la Circulaire du Secrétaire général relative aux *dispositions spéciales visant à prévenir l'exploitation et les abus sexuels*, ST/SGB/2003/13 du 9 octobre 2003 « L'expression « exploitation sexuelle » désigne « le fait d'abuser ou de tenter d'abuser d'un état de vulnérabilité, d'un rapport de force inégal ou de rapports de confiance à des fins sexuelles, y compris mais non exclusivement en vue d'en tirer un avantage pécuniaire, social ou politique ». On entend par « abus sexuel » « toute atteinte sexuelle commise avec force, contrainte ou à la faveur d'un rapport inégal, la menace d'une telle atteinte constituant aussi l'abus sexuel ».

291 WECKEL (Ph.), « Résolution CS 2272 (2016), politique de tolérance zéro dans les OMP : de l'incantation à l'action contre les États fournisseurs », publié sur *sentinelle-droit-international.fr,* Bulletin 466 du 13.03.2016 disponible à : http://www.sentinelle-droit-international.fr/?q=content/r%C3%A9solution-cs-2272-2016-politique-de-tol%C3%A9rance-z%C3%A9ro-dans-les-omp-de-lincantation-%C3%A0-laction , consulté le 28/04/2017.

fournir aux États, les éléments d'enquête dont elle dispose[292].

Il découle donc de l'analyse des dispositifs mis en place que la seule sanction à laquelle sont véritablement exposées les Casques bleus est celle administrative ou disciplinaire de l'Organisation. En RCA, une gestion catastrophique a été faite des affaires d'EAS. Comme l'indique le Groupe d'expert indépendant désigné à cet effet : « De graves lacunes ont été relevées dans la façon dont les organismes des Nations Unies ont réagi face aux allégations ». En effet, « [...]les informations concernant les allégations ont circulé d'un service à l'autre, d'une boîte de réception à l'autre, dans de nombreux bureaux de l'Organisation des Nations Unies, personne ne voulant prendre la responsabilité de donner suite aux graves violations des droits de l'homme qui avaient été signalées. [...] même lorsque le Gouvernement français a pris connaissance des allégations et a sollicité la coopération du personnel de l'ONU dans son enquête, il a fait face à de la résistance et ses demandes se sont enlisées dans les formalités... [293] ».

Une fois encore, la mise en cause de l'inefficacité de la politique de tolérance zéro a conduit le SG à prendre des mesures disciplinaires. Cela s'est traduit, entre autres, par le retrait d'une partie du contingent congolais de la MINUSCA et par la démission du Général Babacar Gaye, ancien Représentant spécial du Secrétaire général et chef de la Mission. Quant aux procédures pénales entreprises par les États fournisseurs, seules 5 condamnations ont été

---

292 A/59/710, p.17.

293 Voir, *Rapport du Groupe d'enquête externe indépendant sur l'exploitation et les atteintes sexuelles commises par les forces internationales de maintien de la paix en République centrafricaine,* A/71/99, du 23juin 2016, p. 2.

obtenues[294]. En France, jusqu'en janvier 2017, deux ans après l'ouverture d'une information judiciaire sur les allégations contre la Force Sangaris, aucune personne n'a été mise en examen. En attendant que des poursuites pénales soient engagées, les victimes dont les allégations sont fondées bénéficient d'une prise en charge psychosociale, médicale, légale et matérielle fournie par les différents partenaires de l'ONU sur le terrain et au fonds pour les victimes d'abus sexuels par des Casques bleus.

Au regard de l'ampleur qu'a pris ces affaires d'EAS qui portent atteinte à la crédibilité et à l'intégrité de la Mission et de l'ONU, le Conseil de Sécurité, dans la résolution CS 2272 (2016) du 11 mars 2016, a apporté son soutien au SG en lui permettant de rapatrier une unité militaire ou une unité de police constituée d'un contingent lorsqu'il existe des preuves crédibles de cas répandus ou systématiques d'exploitation et d'atteintes sexuelles commis par cette unité et si l'État fournisseur n'a pas pris les mesures voulues pour enquêter sur ces allégations, ou lorsqu'un pays fournisseur de contingents ou de personnel de police n'a pas amené les auteurs de ces actes à en répondre ou informé le Secrétaire général des progrès des investigations ou des mesures prises dans un bref délai. Elle impose également à toutes les forces, y compris celles extérieures à l'ONU, mais agissant sous mandat du Chapitre VII de la Charte de prévenir les EAS grâce à une formation obligatoire avant le déploiement et de réprimer les crimes sexuels dont leur personnel se serait rendu responsable. Suite à cette résolution, une Équipe de réponse immédiate aux EAS, la première du genre dans les OMP, a été créée au sein de la MINUSCA, afin de faciliter

---

294 Voir toutes les données sur les EAS en RCA sur https://conduct.unmissions.org/sea-actions , consulté le 27/04/2017.

une meilleure prise en charge rapide des victimes éventuelles.

Il est évident que l'impunité des abus et les violations des droits des populations civiles rompent la relation de confiance nécessaire pour une meilleure coordination des actions contre les groupes armés. Loin de favoriser et de faciliter une meilleure protection des civils, la persistance de ces atteintes aux droits humains nous interroge sur les obstacles à la mission de protection des civils de la MINUSCA.

SECTION II. LES OBSTACLES LIÉS AUX CARENCES INSTITUTIONNELLES

Déployée dans un environnement complexe et dangereux où elle représente le dernier espoir de la population, la MINUSCA est confrontée à plusieurs obstacles qui, à notre avis, amenuisent sa capacité à remplir efficacement sa mission de PdC. Ces obstacles sont de nature différente et il n'est sans doute pas inutile d'en identifier quelques-uns, outre celles qui ont déjà pu être mentionnés ici et là dans notre travail. Il convient dès lors, de relever les obstacles inhérents à la mission elle-même (§ 2), dans un contexte de déploiement toujours limité des institutions étatiques qui ont, répétons-le, la responsabilité première de protéger les civils (§ 1).

§ 1. Le déploiement limité des forces de défense et de sécurité centrafricaines

Dans l'opérationnalisation de la protection des civils, il est indispensable de ne pas perdre de vue la nature de la responsabilité de la MINUSCA qui est celle de soutenir les autorités centrafricaines ou de compléter leurs efforts visant à protéger les citoyens. Autrement dit, ces forces ne se substituent pas aux Forces de défense et de sécurité centrafricaines, mais au contraire ont le devoir de collaborer avec celles-ci. Une grande partie du territoire demeure sous le contrôle des groupes armés. Il appert donc que la lente réforme du secteur de la sécurité (A) et le sous-équipement des FACA (B) ne peuvent que constituer un poids supplémentaire pour une Mission internationale aux ressources finement calculées.

A. La lente réforme du secteur de la sécurité en l'absence du DDRR

L'une des tâches de la MINUSCA est de contribuer à la réforme du secteur de la sécurité (RSS) en RCA. Or cette la réussite de ce projet ne saurait être dissociée de celle du processus désarmement, démobilisation, réinsertion et rapatriement (DDRR) des combattants, qui permettra à l'État d'être *in fine*, le seul détenteur d'une violence qui soit légitime. Trois ans après le début de l'Opération, le chantier du RSS demeure quasi vierge et celui du DDRR à peine défriché. Le processus DDRR conditionne le succès de toute opération de stabilisation de la paix et de retour à un niveau de sécurité propice à la PdC. C'est une mesure à court terme qui doit être mise en œuvre de façon prioritaire sans quoi, comme le rappelle l'ancien SG Koffi ANNAN, « non seulement il n'est pas possible de mettre fin à la guerre civile, mais encore, l'on n'a guère de chances d'atteindre d'autres objectifs d'importance critique que sont par exemple la démocratisation, la justice et le développement. [295]» Jusqu'en février 2017, quelque 4 000 ex-combattants seulement ont pu bénéficier du programme pré-DDR. Pour cause, les activités de pré-DDR proposées ne tiennent nécessairement pas compte de l'identité culturelle des combattants. À titre d'exemple, le choix des THIMO pour les activités de réinsertion professionnelle du pré-DDR ou même du DDRR parait inapproprié pour les Peuhls culturellement connus comme éleveurs et commerçants.

La lenteur du DDRR proprement dit s'explique par trois raisons essentielles. Certains groupes armés

---

295 A/59/565 du 2 décembre 2004, *Un monde plus sûr : notre affaire à tous, Rapport du groupe de personnalités de haut niveau sur les menaces, les défis et le changement*, § 227.

conditionnaient leur adhésion audit processus soit par une intégration collective de leurs membres dans les FACA, soit par l'exigence de postes de responsabilité dans l'administration publique ou des garanties de non-poursuites judiciaires. D'autres posent comme condition, le désarmement préalable de leurs rivaux afin d'être rassurés qu'ils ne seront pas pris au dépourvu une fois leurs armes rendues. En d'autres termes, ils veulent être les derniers à déposer les armes. Ce n'est qu'au 20 avril 2017, que tous les représentants des 14 groupes armés ont été présents pour la première fois au Comité consultatif et de suivi du programme national de DDRR. Le programme proprement dit est censé débuté en début juin 2017, pour une durée de 30 mois. Elle va concerner environ 5000 combattants avec un budget d'environ 43 millions de dollars financés par le gouvernement, la Minusca, la Banque mondiale, les États-Unis et la France[296]. Mais en attendant, un projet pilote DDR de 500 combattants a été lancé. Une partie des combattants qui bénéficieront du projet pilote est destinée à être intégrée dans la gendarmerie après les vérifications d'usage[297]. En définitive, tout semble être réuni pour la mise en œuvre effective du programme DDRR. Toutefois il faut relever que la persistance des revendications de certains, surtout des ex-séléka, malgré leur adhésion tardive au programme laisse planer l'ombre de l'échec sur le processus. Les ex-séléka ont peu d'intérêt à voir réussir le DDRR dans la

---

296 Voir le site de la MINUSCA, https://minusca.unmissions.org/ddrr%C2%A0-bient%C3%B4t-une-premi%C3%A8re-vague-de-500-ex-combattants-pour-le-lancement-du-projet-pilote-en-rca consulté le 30 avril 2017.

297 Voir la Déclaration de M. Hervé Ladsous, Secrétaire général adjoint aux opérations de maintien de la paix, devant le Conseil de sécurité, le 15 février 2017, S/PV.7884, pp. 3-4.

mesure où ils exercent un contrôle incontesté sur une grande partie du pays. En outre, l'incertitude sur la représentativité des dirigeants des groupes prenant part au processus demeure une réalité. Comme déjà noté, les chaines de commandement sont fragiles et la discipline absente au sein des groupes armés.

Quant au programme de réforme du secteur de la sécurité, le Président Touadéra n'a pu s'empêcher d'exprimer au Cs, sa préoccupation à propos de la lenteur de la formation assurée par la mission militaire de formation de l'Union européenne en République centrafricaine (EUTM RCA) aux forces de sécurité nationale[298]. Pour s'en convaincre, ce n'est qu'au premier semestre 2017 que 195 éléments constituant la première compagnie des FACA formée par l'EUTM RCA ont été déployés.

Un Plan national de développement des Forces de sécurité intérieure a été validé le 4 novembre 2016 par le Gouvernement centrafricain. Conformément à ce plan, une campagne nationale de recrutement de 500 policiers et gendarmes est lancée le 30 janvier 2017, pendant qu'une Stratégie nationale de la RSS 2017-2021 venait d'être finalisée. Cependant, le besoin reste énorme puisque d'après le rapport du Secrétaire général, du 22 juin 2016, sur les 3 700 agents de police et de gendarmerie recensés dans le pays, 800 seulement étaient en poste à l'extérieur de Bangui et le ratio du pays est d'un policier pour 1250 Centrafricains[299]. Il apparait de façon générale que c'est en début 2017 que la mise en œuvre des programmes a été amorcée.

Par ailleurs, si une chose est de doter l'État de forces de défense et de sécurité, doter celles-ci de moyens

---

298 S/PV.7901, *op.cit.*

299 S/2016/565, § 19, 22.

nécessaires en est une autre ; d'où l'épineuse question de l'embargo sur les armes à destination de la RCA.

B. La question de l'embargo sur les armes

« Un embargo sur les armes désigne un type de sanction internationale qui consiste en une restriction partielle ou totale des transferts d'une ou de plusieurs catégories d'armes vers un ou plusieurs destinataires [300]».

Une question épineuse qui s'est posée et qui vaut de vives critiques des Centrafricains aux Nations Unies est celle de l'embargo sur les armes[301] : Que vaut une armée sans armes, fustige-t-on à Bangui. L'embargo sur les armes à destination de la RCA, décidé par le CS dans sa résolution 2127 et renouvelé par les résolutions qui ont suivie est perçu jusqu'au sommet de l'État comme une mesure punitive qui fait obstacle à la protection des civils[302]. C'est ainsi que des manifestations anti MINUSCA ont été organisées fin 2016. Ces

---

300 MOREAU (V.), « Les embargos sur les armes de l'union européenne : des mesures symboliques ? » », *Note d'Analyse du GRIP*, 21 juin 2012, p. 7., cité dans GEHIN (L.), « Les embargos sur les armes, sanctions en faveur de la paix et la sécurité », *Éclairage du GRIP*, 13 mai 2016, p.1.

301 Il convient de préciser que l'embargo, de façon générale, prend en compte « les munitions, les véhicules et les matériels militaires, les équipements paramilitaires et les pièces détachées correspondantes, ainsi que toute assistance technique ou formation et toute aide financière ou autre en rapport avec les activités militaires ou la fourniture, l'entretien ou l'utilisation de tous armements et tout matériel connexe, y compris la mise à disposition de mercenaires armés », voir S/RES/2339 (2017), § 1.

302 Des membres du Gouvernement et de l'armée auraient dit à plusieurs reprises au Groupe d'experts que l'embargo sur les armes était la principale raison de la persistance de l'insécurité, car il empêchait l'armée et les forces de sécurité de lutter contre les groupes armés et les criminels ; Voir S/2016/1032, *op.cit.*, § 62.

manifestations ont nourri un sentiment d'hostilité à l'encontre des forces internationales et font porter l'entière responsabilité de la persistance des violences à la MINUSCA.

Les frustrations sont légitimes puisque sur une armée d'environ 8300 hommes en 2016, un effectif jugé « trop important[303] » par le SG des Nations Unies, un quart seulement seraient armés[304]. En outre, il est évident que l'embargo a créé un déséquilibre entre les Forces régulières et les groupes armés qui continuent d'obtenir illicitement des armes. Toutefois, il faut rappeler que la mesure en question n'est pas absolue ; puisqu'elle est assortie de dérogations. Ainsi, la résolution 2339 (2017) du 27 janvier 2017qui prolonge l'embargo sur les armes jusqu'au 31 janvier 2018, précisait que la mesure ne s'applique pas, d'une part, aux « livraisons de matériel non létal et à la fourniture d'une assistance, y compris les activités de formation opérationnelle et non opérationnelle dispensée aux forces de sécurité de la République centrafricaine, dont les services publics civils chargés du maintien de l'ordre, exclusivement destinés à soutenir le processus de réforme du secteur de la sécurité en République centrafricaine, ou à être utilisés dans le cadre de celui-ci, en coordination avec la MINUSCA, et sur notification préalable au Comité [de sanction sur la RCA] », d'autre part, aux « livraisons d'armes et autre matériel létal connexe, destinés aux forces de sécurité centrafricaine, dont les services publics civils chargés du maintien de l'ordre, et devant être utilisés exclusivement

---

303 S/2016/565, *op.cit.*, § 19.

304 RFI, « RCA : la levée de l'embargo sur les armes en discussion avec l'ONU », 14/07/2016, accessible à http://www.rfi.fr/afrique/20160714-rca-levee-embargo-armes-discussion-onu-centrafrique , consulté le 1/05/2017.

aux fins de la réforme du secteur de la sécurité ou de l'appui à celle-ci, sous réserve de l'approbation préalable du Comité » ; ou « aux autres ventes ou livraisons d'armes et de matériels connexes, ou à la fourniture d'une assistance ou de personnel, sous réserve de l'approbation préalable du Comité »[305]. En outre, le Comité des sanctions a également indiqué que le Gouvernement centrafricain pourrait envisager de demander aux forces internationales que lui soient rendues les armes et munitions qui ont été saisies, de même que le matériel militaire que les États voisins ont confisqué aux membres des FACA qui ont traversé leurs frontières après la crise de 2013[306].

Même s'il fait l'objet de reconductions répétées, l'embargo sur les armes à destination de la RCA est examiné régulièrement en vue de son adaptation à l'évolution de la situation du terrain[307]. Il apparait donc que l'éventualité d'une levée partielle de l'embargo existe si le Gouvernement centrafricain parvient à rassurer l'ONU de sa capacité à assurer le stockage et la bonne gestion des matériels militaires dont il réclame la livraison ; ce qui n'est actuellement pas le cas[308].

---

305 S/RES/2339 (2017), *op.cit.*, § 1, b), g), h). ; [Nous avons souligné].

306 S/2016/694 § 28.

307 Vu les progrès des réformes du secteur de la sécurité et dans la stabilité politique en Côte d'Ivoire, et sur la base du dernier rapport du Groupe d'experts, le CS a décidé de lever l'embargo sur les armes à l'encontre de ce pays le 28 avril 2016. Par contre, les restrictions ne cessent d'être durcies à l'encontre de la Corée du Nord, chaque fois qu'elle procède à des essais nucléaires.

308 Selon le rapport du Groupe d'expert sur la RCA, des limites et des lacunes ont été constatées dans le contrôle par le commandement central des armes déjà détenues par les FACA. Plusieurs articles militaires non létaux fournis par la Chine en mars 2016 ont par …/…

Comme l'a si bien dit le Professeur WECKEL : « l'embargo sur les armes ne vise pas à punir. Il n'est pas destiné à faire pression sur un groupe ou un État. Mesure générale et impersonnelle, il n'affecte pas la situation individuelle de certaines personnes : il n'interdit pas d'acquérir ou de posséder des armes. Mesure de police, il répond à l'exigence raisonnable d'interrompre l'afflux d'armes de l'étranger qui alimente la violence. À raisonner autrement, on se fait pompier pyromane. En Afrique, comme dans le reste du monde, on n'a pas encore inventé d'autre méthode pour éteindre un incendie que de le priver de combustible et de l'étouffer. [309] » Une levée prématurée de l'embargo ne ferait qu'alimenter les problèmes sécuritaires déjà existants en rendant plus difficile la tâche de la MINUSCA, elle-même confrontée à des limites qui lui sont intestines.

§ 2. Les moyens d'action limités de la MINUSCA

Il a été plusieurs fois reproché à la MINUSCA, sa passivité et son attentisme face aux exactions des groupes armés. Cela lui a valu d'être taxée, à tort ou à raison, d'une Mission partiale, complice de certains groupes armés et même inutile. Ce constat n'est pas propre à la MINUSCA. Au contraire, les Missions multidimen-

---

exemple été détournés d'un entrepôt sous douane où ils étaient stockés, et ce malgré la présence permanente de sentinelles des FACA. Des soldats des FACA ont également été surpris en train de vendre les tenues de sport que l'armée venait de leur distribuer ; voir, S/2016/1032, *op.cit.*, § 102.

309 http://www.sentinelle-droit-international.fr/?q=content/r%C3%A9solution-2339-du-27-janvier-2017-renouvellement-des-mesures-restrictives-applicables-%C3%A0-la , consulté le 01/05/2017.

sionnelles chargées de protéger les civils sont régulièrement confrontées à ces critiques qui remettent en cause deux des trois principes cardinaux des OMP : l'impartialité et le non recours à la force qu'en cas de légitime défense ou de la défense du mandat. Et même quand ils décident de faire usage de la force, c'est souvent pour se défendre (légitime défense), plutôt que pour protéger les civils (défense du mandat). En effet, l'hésitation des Casques bleus, à recourir à la force contre les groupes armés sans état d'âme, malgré que leur mandat sous chapitre VII de la Charte le leur permet rend compte de la complexité des règles d'engagements propres à chaque Mission (A). À cela, s'ajoutent les ressources limitées de la Mission (B).

A. Les limites opérationnelles

Dans son rôle d'organe principal de maintien de la paix et de la sécurité internationales, le Conseil de sécurité, « agissant sous le Chapitre VII de la Charte des Nations Unies, » a autorisé la MINUSCA « à utiliser tous les moyens nécessaires [y compris la force, mais] dans les limites de ses moyens et dans ses zones de déploiement [310]» pour protéger les civils. Il ressort de ces dispositions que l'autorisation donnée aux Casques bleus est assortie de réserves qui « sont utiles pour définir le rôle des soldats de la paix, plutôt que pour exclure leurs actions[311] ». Mais, parce qu'elles ne sont souvent pas

---

310 Pour ce qui concerne la MINUSCA, voir S/RES/2149 (2014), §29 ; S/RES/2217 (2015), §31 ; S/RES/2301 (2016) § 32.

311 HOLT (V.), TAYLOR (G.), KELLY (M.), *Protecting Civilians in the Context of UN Peacekeeping Operations : Successes, Setbacks and Remaining Challenges*, Nations Unies, 2009, p.75, Cité dans MANTON (R.), *Protection des civils*, Cour de l'Institut de formation aux opérations de paix (POTI), 2014, p. 40.

claires, ces réserves, en même temps qu'elles clarifient le cadre juridique des actions à mener, peuvent en limiter l'efficacité.

Les actions des Casques bleus sont régies par des Règles d'engagement (pour le personnel militaire) et des Directives sur l'usage de la force (pour le personnel de police) [312]. Ces règles et directives varient selon le mandat de chaque mission et déterminent le degré de force qui peut être utilisé et les circonstances dans lesquelles elle peut être utilisée[313].

Les Casques bleus de la MINUSCA n'ont que rarement utilisé la stratégie offensive contre les groupes armés qui, malgré tous les moyens pacifiques déployés pour les convaincre de la nécessité de déposer les armes, continuent de prendre la population civile pour cible. Même si elle recourt à la force, ce n'est que dans des cas extrêmes, en dernier recours. La priorité semble être accordée à la médiation afin d'être l'intermédiaire crédible et impartiale entre les groupes armés et le Gouvernement. Or, de toute évidence, certains groupes armés tels que l'UPC et le FRPC ne semblent pas être prêts à coopérer avec la MINUSCA. « Ainsi, être impartial ne signifie pas être neutre et ne revient pas à traiter toutes les parties de la même façon, en toutes circonstances et à tout moment, ce qui relèverait plutôt d'une politique d'apaisement[314] ». Derrière la réticence des Casques bleus à user de la force, se cache également le refus des États contributeurs de voir leurs contingents prendre d'énormes risques.

On se pose dès lors la question de savoir si la défense du mandat n'exige-t-elle pas des actions coercitives et

---

312 MANTON(R.), *Protection des civils*, *op.cit.*, 2014, p. 32.

313 *Ibid*

314 A/55/305-S/2000/809, *Rapport du groupe d'étude sur les opérations de paix de l'ONU (Rapport Brahimi), op.cit.*, §50

décisives contre ces groupes armés qui ont suffisamment montré, de par leurs attaques, qu'ils ne sont pas prêts de déposer les armes et d'abandonner les zones minières.

Comme le préconisait le Rapport Brahimi, « les règles d'engagement devraient, non seulement permettre aux contingents de riposter au coup par coup, mais les autoriser à lancer des contre-attaques assez vigoureuses pour faire taire les tirs meurtriers dirigés contre des soldats des Nations Unies ou les personnes qu'ils sont chargés de protéger et dans les situations particulièrement dangereuses, à ne pas laisser l'initiative à [...] ceux qui reviennent sur les engagements qu'ils ont pris en vertu d'un accord de paix [ici les forums de Bangui et de Brazzaville] ou qui, de toute autre façon, cherchent à y porter atteinte par la violence[315] ». Cela ne voudra pas dire pour autant que les Nations Unies font la guerre[316]. Au contraire, il s'agit pour la Mission d'être proactif pour que ses actions aient plus d'impact. C'est à ce titre que l'intervention musclée de la MINUSCA le 11 février 2017, dans laquelle ses hélicoptères d'attaque ont engagé une colonne de la coalition menée par le FPRC, afin d'éviter un affrontement imminent entre ceux-ci et l'UPC dans la ville de Bambari, ne doit pas rester un cas isolé. Comme l'a mentionné M. Ladsous devant le Conseil de sécurité, « cette opération faisait suite à des avertissements très fermes [...] qui avaient pour but de souligner que la MINUSCA était déterminée à user de la force pour protéger les civils conformément à son mandat et aux

---

315 A/55/305-S/2000/809, *op.cit.,* p.10, § 49.

316 Voir *Rapport Brahimi*, *op.cit.,* p. 10, § 53 : « Le Groupe d'étude souligne que les Nations Unies ne font pas la guerre. Lorsqu'il a fallu prendre des mesures coercitives, elles ont toujours été confiées à des coalitions d'États volontaires, avec l'autorisation du Conseil de sécurité agissant en vertu du Chapitre VII de la Charte ».

appels de la sous-région, de l'Union africaine (UA) et du Gouvernement centrafricain, qui n'ont cessé de réclamer de notre part une action robuste[317] ». Des actions robustes doivent être régulièrement posées afin de dissuader ces groupes armés dont les ambitions ne sont guère légitimes. Cette démarche répondrait d'ailleurs au souhait du CS de voir « la Mission [...] réduire durablement la présence de groupes armés et la menace qu'ils représentent en adoptant une approche globale et une position volontariste et ferme [318]».

Par ailleurs, certaines voix ont appelé la mise en place en RCA d'une brigade d'intervention à l'image de celle déployée en République démocratique du Congo par la résolution 2098 du 28 mars 2013. En effet, cette brigade d'intervention créée au sein de la composante militaire de la MONUSCO fut une évolution radicale, qui a permis de répondre au besoin de mener des opérations spécifiques et offensives pour neutraliser les groupes rebelles armés qui constituent une menace pour les populations civiles dans ce pays. Seulement en créant cette brigade d'intervention, le Conseil de sécurité a pris soin de mentionner que c'est « à titre exceptionnel et sans créer de précédent[319] ». Même si les résultats escomptés dans la mise en place de cette brigade se font toujours attendre[320], l'expérimentation de cette brigade a montré le succès que pourraient avoir les OMP chargées de protéger les civils s'ils décident d'agir et non seulement de réagir.

---

317 S/PV.7884, *op.cit.,* p. 2-3

318 S/RES/2301 (2016*), op.cit.,* § 34.

319 S/RES/2098 (2013), § 9.

320 NTUMBA LUABA (A.), « Évaluation de la mise en œuvre du mandat de la brigade d'intervention de la MUNUSCO », Congo-Afrique n°510, décembre 2016, p. 947-963.

Il est peut-être temps soit de forcer ces groupes armés à participer à un véritable processus de paix, soit les vaincre une fois pour toutes ; car, même si la force à elle seule ne saurait engendrer la paix ; elle peut ouvrir un espace dans lequel la paix pourra être édifiée[321]. Encore faut-il avoir les moyens nécessaires pour ce faire.

B. Les limites structurelles

La MINUSCA a-t-elle les moyens de sa politique ? Cette question est sans doute la principale et la plus importante que l'on doit se poser dans l'examen de l'efficacité de la Mission ; surtout quand on sait à l'avance que les OMP ont toujours été déployées avec des moyens planifiés à l'économie. D'ailleurs, le simple fait qu'il lui a été demandé de protéger les civils dans les limites de ses capacités et dans sa zone déploiement prévient de ce que la Mission ne peut pas protéger, elle seule, tout le monde à tout moment, en tout endroit.

Au 31 mars 2017, la MINUSCA a un effectif total de 13 429 personnes déployées avec un budget de 920 727 900 dollars US, dont 45,50 % pour le personnel militaire et de police, 17,89 % au personnel civil[322]. Bien que l'effectif déployé semble important, la vaste superficie du territoire, sa faible densité de population, et l'absence d'infrastructures routières et aéroportuaires constituent un défi considérable dans un pays sans littoral. Selon un rapport d'OXFAM, la MINUSCA n'a que des bases temporaires de moins de 50 personnels militaires avec des

---

321 A/55/305-S/2000/809, *op.cit.*, p.1.

322 Voir, DOMP, « Peacekeeping Fact Sheet », mars 2017, accessible à http://www.un.org/en/peacekeeping/resources/statistics/factsheet.shtml , consultée le 06/05/2017. Quant au budget, il a été approuvé par l'AGNU pour la période allant du 1er juillet 2016 au 30 juin 2017, voir A/C.5/70/24.

moyens limités dans les sous-préfectures de Yalinga, Ibando, Ouadda, Bongou et Sam Ouandja ; alors que le besoin de présence et de patrouilles est immense dans ces localités où vivent des ex-combattants et sur les axes où les groupes armés ont établi des barrières à partir desquelles ils taxent les civils[323]. Il en ressort que les bases se trouvant en dehors de Bangui sont insusceptibles de dissuader efficacement les groupes armés. En outre, le fait que si peu de responsables de groupes armés aient été appréhendés est en partie lié aux craintes des responsables de la MINUSCA de ne pas avoir les moyens de gérer une potentielle réaction violente[324]. Derrière le déploiement limité de ces forces dans les zones à risque se trouveraient certaines restrictions que peuvent contenir l'Accord signé entre les Nations Unies et les États fournisseurs de contingents. Comme mentionné dans un rapport d'Amnesty International, bien qu'il soit bien entraîné et équipé, une partie du contingent sénégalais avait été uniquement chargé de la surveillance de l'aéroport[325]. Étant donné qu'il revenait aux pays fournisseurs de troupes d'outiller leur contingent, il n'est pas rare de constater que les équipements de certains contingents — surtout ceux de l'ex-MISCA — ne répondaient pas aux normes des Nations Unies ; ce à quoi le Conseil de sécurité a toujours appelé les pays fournisseurs à veiller[326].

---

323 OXFAM, « Centrafrique : des zones non protégées », octobre 2016, p. 18.

324 Amnesty International, « Un mandat pour protéger. Les ressources pour réussir ? Renforcer le maintien de la paix en République centrafricaine », 2016, p.18.

325 Amnesty International, « Un mandat pour protéger. Les ressources pour réussir ? Renforcer le maintien de la paix en République centrafricaine », *op.cit.*, p.20.

326 S/RES/2301 (2016), *op.cit.* § 27.

De même, le niveau de formation, de résistance et de discipline diffère d'un contingent à un autre. Les conditions sociales et de vie des soldats influencent leur motivation à s'impliquer davantage dans l'accomplissement de leur mission. En effet, il est souvent rapporté que certains pays fournisseurs ont tendance à voir dans la participation aux OMP, outre l'intérêt diplomatique, une occasion d'affaires en ne versant à leurs soldats qu'une infime partie des soldes que les Nations Unies leur ont données pour ce faire. À cela, s'ajoute la capacité linguistique limitée de certains contingents. Selon les statistiques du DOMP au 31 mars 2017, les plus grands fournisseurs de personnel à la MINUSCA sont respectivement le Rwanda (1301), l'Égypte (1168), le Pakistan (1136), et le Bangladesh (1084) militaires[327]. Il en va de toute évidence que peu importe les moyens déployés, ces contingents, non francophones, n'auront jamais assez d'interprètes à disposition et auront beaucoup de mal à s'imprégner du contexte et comprendre le vécu des populations qu'ils ont la noble mission de protéger.

Par ailleurs, l'efficacité de la MINUSCA est plus que jamais remise en question par le retrait de la Force Sangaris. D'abord, Sangaris répondait aux critères d'une force d'imposition de la paix, ce que la MINUSCA n'est pas. Sans entrer dans les détails, l'objectif et la stratégie opérationnelle des deux opérations ne sont pas les mêmes. Sangaris est à l'image d'une Force d'intervention rapide qui répondait à une urgence (court terme) alors que la MINUSCA a un mandat qui, même s'il répondait aussi à l'urgence de protection, poursuivait un objectif plus

---

327 DOMP, « UN Mission 'Contributions by Country », report of 31 March 2017, accessible à http://www.un.org/en/peacekeeping/contributors/2017/mar17_5.pdf , consultée le 05/05/2017.

ambitieux et large encore (long terme). Outre l'unité de commandement et l'homogénéité de la Force Sangaris, ses actions ont été salutaires grâce à ses moyens logistiques d'analyse d'information et de renseignements. Ces moyens qui dans la plupart des cas font défaut à la MINUSCA permettaient à l'ensemble des Forces étrangères d'anticiper et d'empêcher les violences. Il est donc évident que le départ des Forces françaises crée un vide sécuritaire qu'il faudra rapidement combler afin d'éviter à la RCA, le regain de violences criminelles, parfois terroristes que connait le Mali depuis le désengagement de la Force française Serval.

Le même problème de vide sécuritaire se pose à l'est du pays, avec le retrait des Forces américaines et ougandaises de la Force d'intervention régionale de l'Union africaine contre la LRA. En effet le départ prématuré des USA et de l'Ouganda, respectivement principal investisseur financier, logistique et principal fournisseur de troupes raisonne comme une mauvaise nouvelle pour les populations de la zone d'Obo où sévit toujours la LRA ; d'autant plus que jusque-là, ces zones n'ont qu'été très peu couvertes par la MINUSCA[328].

Il en va donc que la protection des civils reste un défi entier qu'il nécessite de relever en améliorant les moyens de protection sans quoi, la Mission ne peut atteindre son objectif.

---

328 La lutte contre la LRA ne fait pas partie des tâches prioritaires de la MINUSCA mais plutôt de ses tâches supplémentaires du fait de la présence de la Force de l'UA qui s'en occupe déjà. Voir S/RES/2301 (2016), § 36, 40

Chapitre II.
Les conditions d'une optimisation des actions de protection des civils par la MINUSCA

La MINUSCA et le système des Nations Unies dans son ensemble se sont engagés, plus que jamais, à appuyer les autorités centrafricaines dans le rétablissement des bases de la paix et du développement durables. Toutefois, on ne peut consolider qu'une paix qu'on a rétablie et maintenue. Pour l'heure, même si quelques « îlots » de paix sont apercevables, ils demeurent précaires. La protection efficiente de la population dépend aussi bien du soutien des acteurs internationaux qui doit être renforcé (Section I) que de la volonté des acteurs politiques, armés, civils centrafricains à tirer les conséquences du passé malheureux de leur pays (Section II). Comme l'affirmait le SG, « la nécessité permanente de renforcer la protection des civils tient à ce que les parties continuent de ne pas s'acquitter de l'obligation légale de protéger les civils. Cette défaillance exige un engagement renouvelé et une action déterminée pour répondre aux cinq défis fondamentaux suivants : faire respecter le droit international ; faire respecter les règles par les groupes armés non étatiques ; renforcer la protection des civils grâce à l'amélioration de l'efficacité et des ressources des missions ; faciliter l'accès aux secours humanitaires ; faire rendre des comptes en cas de violation[329] .» Ces défis relatifs à la justice, le relèvement économique du pays, l'instauration d'un environnement encore plus protecteur doivent être urgemment relevés en RCA.

329 S/2009/277, § 26. [Nous avons souligné].

SECTION I.
LA CONSOLIDATION DU SOUTIEN INTERNATIONAL

Les acteurs internationaux, tant politiques qu'humanitaires doivent coordonner leurs politiques afin d'élaborer une stratégie de protection unifiée et cohérente pour la RCA (§2). Ceci répond à la nécessité de s'assurer que les acteurs de la protection partagent les mêmes objectifs et que leurs activités sont complémentaires. D'abord, ces stratégies à définir ne doivent poursuivre que l'intérêt premier des populations civiles. Elles doivent ensuite inclure les aspects politiques, humanitaires, militaires, juridiques et économiques de la PdC. Enfin, elles doivent tenir compte de l'environnement de la menace et des besoins de protection de la population. Certaines causes de l'impact limité de la protection étant liées au peu de ressources dont dispose la MINUSCA, le renforcement des capacités de celle-ci, grâce à l'appui financier extérieur, ne peut qu'avoir un impact positif sur la PdC (§1).

§ 1. Le renforcement des capacités de la Mission

Au vu de son mandat et de la lente évolution de la situation du pays, il est évident qu'à l'instar d'autres Missions multidimensionnelles de maintien de la paix, la MINUSCA sera encore d'un soutien indispensable pour la RCA au cours des dix prochaines années. Cependant pour que la Mission puisse remplir efficacement ses fonctions, il est indispensable de la doter de ressources humaines et matérielles conséquentes (A) et de redorer son image ternie auprès de l'opinion publique, de laquelle elle ne peut s'en passer (B).

A. La nécessaire dotation de la MINUSCA en ressources supplémentaires

Actuellement en RCA, il existe un fossé entre les capacités de la MINUSCA à protéger les civils et les attentes de la population en la matière. Or, « il est ridicule d'attendre un grand succès si les soldats de la paix disposent de ressources insuffisantes. Dans la technologie militaire, le programme de protection des civils exige que les opérations de la paix disposent d'un mélange adéquat de vitesse et de masse[330] ».

Il est important de relever que la Mission onusienne en RCA se trouve dans une position particulière puisqu'entourée des deux premières, plus grandes OMP budgétivores des Nations Unies[331]. Si cette réalité peut expliquer en partie, les conditions actuelles dans lesquelles évolue la Mission, elle ne saurait les justifier encore pour longtemps, du fait du retrait de la Force Sangaris et de la Task Force de l'UA contre la LRA.

Le problème des effectifs dans les OMP trouve son origine dans l'inapplication des dispositions de l'article 43 de la Charte des Nations Unies qui prévoit la mise à disposition de l'Organisation, une force armée permanente. À défaut de cette force, l'Organisation

---

330 WILLIAMS (P. D.), « Renforcer la protection des civils dans les opérations de maintien de la paix : regard sur l'Afrique », *op. cit.,* p.23.

331 Au sud de la RCA, nous avons la Mission des Nations Unies pour la stabilisation en République démocratique du Congo (MONUSCO) avec un effectif de 22 468 personnes et un budget de 1 235 723 100 $. À l'Est, la Mission des Nations Unies au Soudan du Sud (MINUSS) est déployée depuis 2011 avec un effectif de 15777 personnes et dotée d'un budget de 1 081 788 400 $ en mars 2017. Voir http://www.un.org/en/peacekeeping/resources/statistics/factsheet.shtm l , consulté le 12/05/17.

demeure sous l'emprise de la volonté des États fournisseurs de contingents qui décident en fonction de leurs intérêts, quand et où contribuer à une OMP. En effet, plusieurs pays hésitent à déployer leurs contingents dans des OMP qui pourraient utiliser la force pour protéger les civils dans des zones de troubles violentes. Même au cas où ils sont déployés, certains contingents restent soumis aux règles d'engagement nationales qui ne les autorisent à faire usage de la force qu'en cas de légitime défense. Et souvent, les plus grands contributeurs (Bangladesh, Pakistan...), qui ne posent en principe pas de restrictions à leurs contingents sont souvent mal préparés à agir dans des zones dangereuses ou n'ont pas l'expérience des terrains sur lesquels la violence est intense[332]. Si l'on devait se référer à cette méthode empirique qui indique qu'il faut 2 à 10 soldats pour 1000 habitants dans les zones en crise[333], alors la MINUSCA devrait avoir un effectif d'entre 9400 et 47 000 personnels en uniforme. Or l'effectif actuel est de 10 108 militaires, 1 696 policiers et 404 observateurs militaires[334] ; juste le minimum nécessaire selon cette méthode.

La Mission doit reprendre le contrôle des principaux sites de production d'or et de diamants en déployant du personnel civil et militaire d'une part et doit se déployer sur l'ensemble du territoire afin d'éviter les erreurs des

---

332 HOLT (V.K), BERKMAN (T. C.), *The Impossible Mandate ? Military Preparedness, the Responsibility to Protect and Modern Peace Operations*, Centre Henry L. Stimson, 2006, p. 93.

333 O'HANLON (M.), SINGER (P. W.), « The Humanitarian transformation: Expanding Global Intervention Capacity, » Survival 46, no. 1 (2004), 97, note de fin de page n°7, cité in WILLIAMS (P. D.), « Renforcer la protection des civils dans les opérations de maintien de la paix : regard sur l'Afrique », op.cit., p.24.

334 http://www.un.org/en/peacekeeping/resources/statistics/factsheet.shtml , consulté le 12/05/17.

autres Missions du passé, d'autre part. En outre, la Mission a besoin de moyens aériens (hélicoptères et drones) et terrestres supplémentaires qui lui permettront le déploiement rapide des forces et surtout le contrôle des zones frontalières non couvertes par la Force tripartite (RCA, Tchad et Soudan). Cependant, elle ne peut le faire avec les ressources actuelles dont elle dispose. Le Secrétariat général et les membres du l'ONU, fournisseurs de contingents ou pas, doivent nécessairement contribuer à la finance, au matériel et au personnel de la MINUSCA, en fonction de leur capacité et de leur responsabilité. Au-delà des ressources dont elle a besoin, l'on ne peut ignorer l'importance de la relation qu'entretient la Mission avec la population locale.

B. Redorer la crédibilité de la Mission

« La crédibilité d'une opération de maintien de la paix des Nations Unies dépend directement du niveau de confiance dont elle jouit au sein de la communauté internationale et de la population locale[335] ». À cet égard, le mandat de protection des civils, tout comme les tâches de consolidation de la paix qui échoient à la MINUSCA, requiert des interactions entre le personnel de la mission et les Centrafricains. Par exemple, la collecte de certains renseignements nécessite l'existence d'une bonne relation entre la Mission et la population qui les fournit ; puisque, « peu importe la dimension de la force, les soldats de la paix ne seront jamais en mesure de protéger tous les civils, partout dans leur zone d'opération. Dialoguer avec la communauté peut néanmoins contribuer à améliorer les

335 Nations Unies, *Opérations de maintien de la paix des Nations Unies : Principes et Orientations*, op.cit., p.41.

interventions, gérer les attentes et asseoir la confiance.[336] » Or il n'est pas certain qu'avec les scandales sexuels et la passivité dont ont fait montre certains contingents, la MINUSCA bénéficie d'une bonne image auprès de cette population. Le regain de cette confiance passe sans aucun doute par la répression effective des actes des auteurs d'EAS comme nous l'avons déjà souligné.

En outre, les interactions permanentes entre la MINUSCA et la population devraient lui donner « l'occasion [...] d'expliquer ses priorités et ses contraintes, et d'aider à gérer les attentes souvent extrêmement élevées qu'ont les communautés par rapport à ce que la mission peut accomplir[337] ». Elle le fait certes, grâce aux Assistants de liaison communautaire (ALC) et par le biais de sa radio officielle « Guira FM », mais il est important de souligner que ces interactions sont plus faciles sur le terrain que lorsque les interlocuteurs ont une langue en commun. Dans ce sens il est important de renforcer les performances linguistiques des contingents puisque la langue peut être un vecteur d'une certaine affinité culturelle permettant de mieux saisir la réalité des populations locales et de gagner leur confiance et leur coopération. L'intérêt d'interagir avec la population est également indispensable puisqu'elle permet « à la population locale d'établir un degré d'appropriation de sa situation et le sentiment de contribuer et de faire une différence, plus particulièrement lorsqu'elle voit ses suggestions ou son opinion prises en considération. La valeur de la mise en application d'un projet local, comme

336 Oxfam, « Tendre la main aux communautés : le prochain défi pour le maintien de la paix », *Document d'information 141*, novembre 2010, p.20 Cité par MANTON (R.), *Protection des civils*, op.cit., pp. 57-58.

337 *Ibid.*

le creusage d'une tranchée de décharge suggérée par un habitant local même lorsque l'activité n'est pas nécessairement en accord avec le plan plus général pour la région, peut avoir des conséquences positives importantes et établir un certain sens de confiance et de crédibilité.[338] »

Enfin, le principe d'impartialité qui guide l'action de la Mission doit être observé à tout instant, surtout dans les rapports de la MINUSCA avec les groupes armés. Il est souvent reproché aux forces internationales de coopérer avec les groupes armés et d'être leur complice. Ceci peut être dû à la posture de négociation qu'adopte la MINUSCA vis-à-vis des groupes armés dont la population ne veut pas entendre parler. De même, le silence coupable de la MINUSCA face à certaines exactions de la part des forces gouvernementales n'arrange guère sa position. Il ne faut également pas perdre de vue qu'il lui sera pour une population qui assiste à la succession de différentes opérations de paix sur son territoire depuis au moins 20 ans, sans que cela n'ait vraiment pas changé la situation, de croire en la capacité de la Mission à la protéger. La moindre incidence ou erreur de la part de la MINUSCA renforce la population dans son pessimisme et nourrit l'hostilité de celle-ci à son égard.

Parce que la mission de protection de civile va au-delà de l'aspect sécuritaire, il est indispensable que la MINUSCA bénéficie d'un appui coordonné des autres intervenants extérieurs.

§ 2. La coopération avec les acteurs extérieurs

Plusieurs acteurs contribuent à l'exécution du mandat de la MINUSCA pour le rétablissement de la paix de façon générale et pour la protection des civils en

---

338 MANTON (R.), *Protection des civils*, op.cit., p.102.

particulier. Une consultation et une planification préalables, vis-à-vis de la protection des civils, avec ces parties prenantes sont essentielles pour la réalisation d'une stratégie de protection pour l'ensemble de la Mission. Les rôles et responsabilités des différents acteurs doivent être clairement établis et leurs activités planifiées de manière à maximiser les ressources disponibles et à éviter les chevauchements ou le manque de confiance mutuelle. Tout comme l'appui politique des acteurs régionaux est indispensable pour une sortie de crise(A), l'appui aux actions humanitaires l'est pour une PdC complète et réussie (B).

A. L'appui politique des acteurs régionaux et sous régionaux

Même si parfois les informations relayées sur les médias laissent croire que la RCA a été oubliée, une observation attentive de son histoire politique montre qu'en réalité, le pays a toujours attiré l'attention bienveillante des acteurs régionaux (UA, UE), sous régionaux (CEEAC, CEMAC) et même de quelques États (France, USA, Afrique du Sud...). En témoigne, les nombreuses opérations de paix qui se sont succédé dans le pays. Seulement, à chaque occasion, les moyens qui sont déployés se sont toujours révélés insuffisants et inadaptés au contexte. Comme l'illustre si bien cette affirmation du spécialiste Paul Williams, « bien qu'un grand nombre de déclarations et de lois reflètent un vaste consensus international sur l'importance de la protection des civils, l'ampleur de l'engagement politique au service de ce noble objectif n'est pas toujours évidente et varie considérablement selon les gouvernements et les organisations.[339] » Autrement dit, « [...] quels coûts les acteurs internationaux sont-ils prêts à supporter pour protéger des civils étrangers, et jusqu'où sont-ils prêts à aller pour remettre en question des notions éculées de souveraineté dans des pays où le gouvernement hôte n'a pas la volonté ou n'est pas capable de soutenir des activités de protection ? [340]»

Il est indéniable de penser un retour à la paix, sans compter sur les voisins directs de la RCA, qui, d'une façon ou d'une autre ont contribué au déclenchement de la crise. Rappelons tout de même que le Tchad a quitté la MISCA, le 9 avril 2014, suite aux accusations portées contre le contingent tchadien. Il a toujours existé un climat d'hostilité à l'égard des Tchadiens, souvent accusés par la population d'être proches des ex-séléka. En outre, le rôle des autorités de N'Djamena dans les crises successives qu'a connue la RCA ne favorise pas le maintien d'une relation apaisée et stable entre ces deux pays. Même si les démarches entreprises par le nouveau Président Touadéra ont permis l'amélioration des relations diplomatiques, les frontières entre les deux pays restaient toujours fermées en janvier 2017[341]. Quant aux relations avec le Soudan, il est sidérant de constater que trois ans après le début de la crise, « bien qu'il ait une ambassade à Bangui, le Soudan n'est ni membre du Groupe international de contact pour la République centrafricaine, ni invité en qualité d'observateur lorsque les États membres de la CEEAC et de la CEMAC débattent de la crise en République centrafricaine [342]».

---

339 WILLIAMS (P. D.), « Renforcer la protection des civils dans les opérations de maintien de la paix : regard sur l'Afrique », op.cit., p.27.

340 *Ibid.*

341 S/2016/1032, *op.cit.,* § 14.

342 *Ibid.*

Étant donné l'interdépendance de la stabilité de chacun de ces pays, il est important que ces trois pays, associés aux autres de la CEEAC ou de la CEMAC coopèrent pour lutter ensemble contre les groupes armés en arrêtant les combattants qui traversent leurs frontières et en mettant pleinement en œuvre les sanctions des Nations Unies (lutte contre le commerce illicite des armes, du diamant, de l'or, de l'ivoire et le respect de l'interdiction de voyager). La CEEAC a joué un rôle de premier rang au cours de la période de Transition, quoique parfois perturbée par des rivalités régionales. C'est la preuve qu'elle doit être impliquée davantage, selon le besoin exprimé par la RCA et sans préjudice de la responsabilité première de ses autorités.

Après le transfert de responsabilité de la MISCA à la MINUSCA en septembre 2014, l'UA qui se veut une organisation active dans la résolution des crises régionales, a gardé dans le pays, sa Mission pour l'Afrique centrale et la RCA (MISAC), qu'elle a chargée de soutenir la transition politique et les élections ; le DDRR, la RSS[343]... La similitude et les différences entre le mandat de la MISAC et celui de la MINUSCA ont conduit à « la confusion sur les rôles et les responsabilités de l'ONU et de l'UA [surtout que] les avis sont partagés sur [leur] capacité à collaborer[344]». En dépit de cette confusion, l'UA demeure un acteur incontournable dans la résolution de la crise centrafricaine du fait de sa position privilégiée

343 Union africaine, *Communique de presse : Réunion 458ème du Conseil de paix et de sécurité sur la situation en République centrafricaine (RCA), Réf. : PSC/PR/COMM(CDLVIII) ;* 17 septembre 2014.

344 DE CARVALHO (G.), LUCEY (A.), « Consolidation de la paix fracturée en République centrafricaine, Leçons pour l'engagement de l'Union africaine », *Note d'analyse 87 de l'Institut d'études de sécurité (ISS),* juillet 2016, p. 6.

pour une meilleure compréhension du contexte et la reconstruction post-conflit du pays. Le rôle de ces acteurs régionaux et sous régionaux est encore plus grand quand il s'agit des questions humanitaires liées au conflit, telles que l'accueil des réfugiés.

B. L'appui aux actions humanitaires

Déjà en 1994, le SG affirmait que « seule une action soutenue et concertée dans les domaines économiques, sociaux, culturels et humanitaires peut inscrire la paix dans la durée [345]». Cette affirmation retentit encore avec plus d'acuité face à la situation centrafricaine dans laquelle près de la moitié de la population, soit environ 2,2 millions de personnes ont besoin d'une assistance alimentaire. Au 30 avril 2017, le nombre de personnes déplacées internes était estimé à 426 100 et celui des réfugiés estimés à 483,167. Ces chiffres ne prennent pas en compte les populations qui se réfugient dans la brousse où elles se sentent à l'abri de la violence même si cela les prive de l'accès humanitaire. L'insécurité continue d'engendrer quotidiennement de nouveaux déplacements et la forte présence des groupes armés constitue un frein à l'accès humanitaire qui désigne à la fois la capacité des acteurs humanitaires à atteindre les populations touchées par une crise et celle des populations touchées à accéder à l'aide et aux services de base. L'accès est donc un préalable indispensable à toute action humanitaire efficace. Un accès rapide et sans obstacle est essentiel à la mise en place d'opérations, à l'acheminement et la distribution de biens humanitaires, au déplacement de personnels, à la fourniture de services de santé et au déroulement d'autres activités. L'accès permet également

345 A/48/935 du 6 mai 1994, § 22.

aux populations touchées de bénéficier pleinement de l'aide et des services de base[346].

En 2016, 31 % des incidents de sécurité dirigés contre les personnels d'ONG humanitaires dans le monde entier ont eu lieu en Centrafrique[347], en violation du droit international humanitaire et des principes qui fondent l'action humanitaire. Toutefois, malgré la mobilisation des Organisations humanitaires et du Système des Nations Unies autour de l'urgence, le financement de l'action humanitaire est constamment en baisse comparé aux années précédentes. En effet, le plan de réponse humanitaire de 2016, d'un montant de 531,5 millions de dollars, avait été financé à moins de 40 % et celui de 2017 estimé à 399,5 millions de dollars n'est financé qu'à 10 % au mois d'avril 2017[348]. Les ressources limitées de l'État et la persistance des violences font que plus de 50 % des services sociaux de base sont toujours fournis par les acteurs humanitaires. Au problème d'insécurité, s'ajoute celui de la vétusté des infrastructures routières qui isole certaines parties du territoire de l'accès à l'aide humanitaire. À titre d'exemple, « dans la préfecture de la Haute Kotto, à Yalinga, environ 700 personnes sont coupées du reste de la région depuis novembre 2016. La route et le pont qui y mènent sont impraticables depuis longtemps. Il va sans dire que la vulnérabilité de cette

---

346 OCHA, « Les enjeux liés à la restriction de l'accès humanitaire en RCA », *Bulletin humanitaire République centrafricaine n°22,* Avril 2017, p.9.

347 Déclaration de M. Hervé Ladsous, Secrétaire général adjoint aux opérations de maintien de la paix, devant le Conseil de sécurité, le 15 février 2017, S/PV.7884, *op.cit.,* p. 4.

348 Voir http://data.unhcr.org/car/regional.php, consulté le 16/05/2017.

communauté est accrue. Le seul hôpital de la région se trouve à Bria à 164 km [349]».

À la Conférence de Bruxelles pour la RCA en novembre 2016, le Plan quinquennal de relèvement et de la consolidation de la paix (2017-2021) présenté par les autorités centrafricaines a recueilli la promesse de plus de 2 milliards de dollars américains sur un total de 3 milliards de dollars nécessaire. Sauf que même si cet engagement des bailleurs internationaux a été accueilli avec allégresse à Bangui, il s'agit de promesses dont l'exécution va s'étendre sur des années, sans la nécessaire prise en compte de l'urgence des besoins.

En outre, les mécanismes de coordination (HCT, ICC et Clusters[350]) et la gestion de l'information par les acteurs humanitaires sont généralement faibles et ont souvent mal fonctionné, occasionnant des lacunes dans la coordination « stratégique ». Par conséquent, la réponse s'est concentrée uniquement sur le court terme sans vision stratégique pour

---

349 OCHA, « Les enjeux liés à la restriction de l'accès humanitaire en RCA », *op.cit.*, p.2.

350 De façon générale, l 'Équipe Humanitaire du Pays (EHP/HCT) est souvent constituée des Représentants des Agences humanitaires des Nations Unies et le PNUD qui sont pour la plupart des chefs de file des Clusters, des représentants des ONG internationales et nationales, et des représentants des principaux bailleurs de fonds humanitaires. La Coordination Inter-cluster (ICC) en RCA est actuellement composé de dix clusters : (CCCM, Eau, Hygiène et Assainissement, Éducation, Logistique, Moyens de subsistance, Nutrition, Protection, Sécurité alimentaire, Sante, Télécommunication d'urgence) et deux sous-clusters (SGBV et Protection de l'enfance). Voir le site de l'OCHA-RCA accessible à : https://interagencystandingcommittee.org/system/files/print_final.pdf , consulté le 17/05/17.

les solutions durables[351]. Une notion qui revient régulièrement dans l'aide humanitaire et le développement est celle de la résilience. La résilience est définie par le CAD de l'OCDE comme « la capacité des individus, des communautés et des États et leurs institutions à absorber les chocs et à s'en remettre, tout en transformant de façon positive leurs structures et moyens de subsistance face à des changements à long terme et à l'incertitude [352]». Malheureusement, en dépit de l'identification du besoin de renforcer la résilience des populations et compte tenu de la confusion qui entourait la notion, faute d'une véritable coordination entre les acteurs humanitaires, ceux-ci ont réduit sa portée à la sécurité alimentaire[353]. Le travail des acteurs humanitaires ne doit pas seulement consister à renforcer la capacité des populations centrafricaines à se relever du choc en leur assurant une sécurité alimentaire. Il doit permettre aux communautés de continuer à vivre, de fonctionner, se développer et s'épanouir en prenant en compte des causes profondes du conflit. Enfin cette approche basée sur la résilience place les populations au premier rang des acteurs de la reconstruction, leur permettant d'élaborer et de s'approprier ledit processus à travers de nouvelles formes de gouvernance locales[354].

---

351 OCHA, *Inter-Agency Humanitarian Evaluation of the Response to the Crisis in the Central African Republic*, mars 2016, p. 11 § 31., accessible à : https://interagencystandingcommittee.org/system/files/print_final.pdf , consulté le 17/05/17.

352 CHÂTAIGNER (J-M.), « Introduction », *in* CHÂTAIGNER (J.M.) (*dir*), *Fragilités et résilience les nouvelles frontières de la mondialisation*, Karthala, Paris, 2014, p.14.

353 OCHA, *Inter-Agency Humanitarian Evaluation of the Response to the Crisis in the Central African Republic*, op.cit., p. 62-63.

354 CHÂTAIGNER (J-M.), « Introduction », *op.cit.*, p. 18

SECTION II.
LE RÉEL ENGAGEMENT DES CENTRAFRICAINS DANS L'ÉDIFICATION DE LA COHÉSION SOCIALE

Au-delà des actions urgentes qu'elle est appelée à mener, le rôle de la MINUSCA consiste *in fine,* à aider le gouvernement et le peuple centrafricain à s'approprier le destin de leur propre pays. Il est important de souligner l'importance de ce rôle, car la Mission n'aura complètement rempli son mandat que si les autorités centrafricaines assument pleinement les responsabilités qui sont les leurs et évitent une dépendance dont elles auront sans doute du mal à s'affranchir. Aujourd'hui à Bangui ou dans l'arrière-pays, on n'hésite pas à accuser la Communauté internationale, les Casques bleus en particulier, d'être les premiers responsables des maux centrafricains. Dès lors que de nouvelles autorités sont élues, la responsabilité première de protection des civils qui leur revient doit être assumé ; surtout pour ce qui est de la lutte contre l'impunité (§1) et de la pose de nouvelles bases de la paix (§2).

§ 1. La sanction et la réparation des abus et violations des droits de l'homme

L'appui à la mise en œuvre des mécanismes de justice transitionnelle constitue l'un des aspects de la protection des civils dont la MINUSCA a la charge. Comme mentionné dans le Concept opérationnel DOMP/DAM relatif à la protection des civils dans le cadre des opérations de maintien de la paix des Nations Unies, « fondamentalement, un processus de paix bien géré qui prend en compte la justice et la reddition de comptes est potentiellement la meilleure forme de protection pour la population civile. [355]» Le but est de faire répondre de leurs actes, les auteurs ou instigateurs de violations de droit international et du droit international humanitaire, de venir en aide aux victimes et de leur apporter justice et réparation.

La création de la Cour pénale spéciale en RCA sonne l'heure de cette reddition des comptes et celle d'une Commission vérité justice réparations et réconciliation qui tarde à voir le jour renforce l'espoir des victimes qui attendent la réparation des préjudices qui leurs ont été causés (A). Cependant, étant donné son caractère particulier, la fin de l'impunité sur le long terme, recommande des institutions juridictionnelles ordinaires permanentes (B).

A. La mise en œuvre des mécanismes de justice transitionnelle

Le 3 juin 2015, la loi organique n° 15003 portant création, organisation et fonctionnement de la Cour pénale spéciale (CPS) en RCA fut promulguée par Catherine Samba-Panza. Elle est la résultante d'une initiative déjà contenue dans un protocole d'accord entre le Gouvernement et les Nations unies (MINUSCA) signé en août 2014 et mûrie au forum de Bangui.

La CPS est une juridiction mixte ou hybride[356], c'est-à-dire composée de 25 magistrats, dont 13 juges

---

355 MANTON(R.), *Protection des civils*, op.cit., p.78.

356 D'autres cours hybrides ont marqué l'histoire avant la création de la CPS. Nous pouvons citer les Chambres africaines extraordinaires (CAE) au Sénégal, les Chambres extraordinaires au sein des tribunaux cambodgiens (CETC) et le Tribunal spécial pour la Sierra Leone (TSSL). La CPS a la particularité d'être à la fois intégrée au système judiciaire national et de siéger sur le territoire où ont été commis les crimes.

centrafricains et 12 juges internationaux, d'une durée de 5ans renouvelable. Comme son nom l'indique, c'est une juridiction *ad'hoc* au sein de l'organisation judiciaire centrafricaine, compétente pour « enquêter, instruire et juger les violations graves des droits humains et les violations graves du droit international humanitaire commis sur le territoire de la République Centrafricaine depuis le 1er janvier 2003, telles que définies par le Code pénal centrafricain et en vertu des obligations internationales contractées par la République Centrafricaine en matière de Droit international, notamment le crime de génocide, les crimes contre l'humanité et les crimes de guerre objets des enquêtes en cours et à venir [357]». Cette compétence s'étend au territoire d'États étrangers avec lesquels la RCA a signé des accords de coopération internationale. Les crimes poursuivis sont donc imprescriptibles, parce que violant des normes de *Jus Cogens*, non susceptibles d'amnisties.

À la création de la CPS, la question de la concurrence de sa compétence et celle de la CPI a été soulevée ; puisque les deux juridictions sont compétentes pour connaître des crimes internationaux commis à partir de 2002 et ceux commis à partir de 2012. À cette question, la loi organique semble avoir apporté une réponse en disposant à son article 37 que « [s'] il est établi que le Procureur de la Cour pénale internationale s'est saisi d'un cas entrant concurremment dans la compétence de la Cour pénale internationale et de la Cour Pénale Spéciale, la seconde se dessaisit au profit de la première. » Sauf que, cette « complémentarité inversée » d'après certains, ne résout pas le problème dans sa totalité puisque la volonté de dessaisissement exprimée à l'article 37, peut ne pas se concilier avec « l'absence de volonté ou l'incapacité »

357 Article 3 de la Loi organique n°15003 du 3 juin 2015

prévue à l'article 17 du Statut de Rome qui fonde la complémentarité de la CPI. C'est ainsi que « si par exemple un des prévenus en RCA devant être jugés par la CPI conteste la recevabilité de l'affaire. Ainsi, la CPI serait tenue de l'examiner si la CPS "n'a pas la volonté ou est dans l'incapacité" de mener à bien les poursuites afin d'établir si elle a la compétence pour juger l'affaire. Dans ce scénario, il est peu probable que la CPI puisse faire valoir que la CPS "n'a pas la volonté ou est dans l'incapacité" d'engager des poursuites. Elle devrait alors renvoyer l'affaire à la CPS, indépendamment de l'article 37 de la CPS[358] ». Pour notre part, dans une telle situation, la RCA peut évoquer des circonstances particulières « d'indisponibilité [359]» (le statut du prévenu, l'ampleur du crime, ou le risque de trouble que le procès pourra crée s'il se tient devant la CPS) pour fonder son incapacité. Assurément, il reviendra à la CPI de se prononcer sur la question.

Contrairement aux Chambres africaines extraordinaires du Sénégal chargées de juger l'ex-président tchadien Hissen Habré, la CPS présente l'avantage d'être implantée dans le pays de commission des crimes, permettant aux

---

358 LABUDA (P.), « The Special Criminal Court in the Central African Republic : Failure or Vindication of Complementarity », *in* Journal of International Criminal JusticeJ 2017; 15 (1): 175-206., Cité dans Amnesty International, « République centrafricaine. le long chemin vers la justice l'obligation de rendre des comptes », janvier 2017, p. 44, note 208.

359 « Pour déterminer s'il y a incapacité de l'État dans un cas d'espèce, la Cour considère si l'État est incapable, en raison de l'effondrement de la totalité ou d'une partie substantielle de son propre appareil judiciaire ou de l'indisponibilité de celui-ci, de se saisir de l'accusé, de réunir les éléments de preuve et les témoignages nécessaires ou de mener autrement à bien la procédure. », Article 17, 3) du Statut de Rome de la CPI.

victimes de participer et de suivre le déroulement des procès de plus près. À cela s'ajoute le gage d'impartialité que lui confère sa composition hybride.

Cependant, certaines inquiétudes ont été soulevées, notamment celles relatives aux divergences qui existent entre les textes internationaux et la législation nationale dans la définition de certains crimes d'une part et la question de l'immunité dont jouiraient certains en fonction de leur statut[360]. Selon nous, le problème de l'interprétation et de la définition pourra être résolu avec les dispositions de l'article 3 de la loi organique qui permettent aux juges de se référer aux normes substantives et aux règles de procédure établies au niveau international en cas d'incertitude concernant la loi nationale. De surcroit, l'apport des juges internationaux sera d'une utilité inestimable. Quant à ceux qui ne peuvent être jugés par la CPS du fait de leur immunité, ils le seront certainement devant la CPI qui, elle en a compétence en vertu de l'article 27 du Statut de Rome.

Le 15 février 2017, le Colonel Toussaint Muntazini, originaire de la République démocratique du Congo (RDC), a été nommé Procureur spécial près la CPS. Cette nomination annonce le début imminent des enquêtes préliminaires qui peuvent commencer avant l'opérationnalisation complète des autres chambres de la Cour[361] qui tarde à voir le jour du fait de la complexité du

---

360 Amnesty International, « République centrafricaine. Le long chemin vers la justice l'obligation de rendre des comptes », *op.cit.*, p. 41-42.

361 La CPS est composée d'une chambre d'instruction, d'une chambre d'accusation spéciale, d'une chambre d'assises et d'une chambre d'appel. Elle est assistée dans ses actes quotidiens par un Greffe. Le Ministère public y est représenté par le Parquet du Procureur Spécial et la police judiciaire par l'Unité Spéciale de Police Judiciaire (USPJ). L'article 71 de la loi organique dispose que « Le …/…

projet. La MINUSCA joue un rôle important dans la mise en place de la CPS à travers le recrutement du personnel international, la mobilisation des partenaires techniques, financiers et l'inventaire[362] des violations graves qui ont été commises depuis 2003 afin de permettre au Procureur spécial d'avancer rapidement dans ses enquêtes.

Nombreux sont les défis que la CPS doit relever. Ses résultats et surtout la protection qu'elle accordera aux témoins et victimes permettront au peuple centrafricain, coupé de cette réalité depuis très longtemps, de redonner confiance à l'appareil judiciaire de leur pays. C'est surtout pour cette raison que le financement durable de cette Cour doit mobiliser toute la communauté internationale, surtout l'engagement des partenaires régionaux.

Bien que le processus judiciaire à travers la CPS soit important, il a été proposé au forum de Bangui, la mise en place d'une Commission vérité, justice, réparations et réconciliation (CVJRR). Ce mécanisme même si elle n'est pas encore mise en place, parait tout aussi indispensable que celui judiciaire, puisqu'il aborde les violations des droits humains de façon plus large et complémentaire, en permettant aux victimes d'apprendre plus sur les évènements d'une part et en donnant l'occasion aux auteurs de crimes de se confesser et de demander le

---

bureau du Procureur Spécial, la Chambre d'Instruction et la Chambre d'Accusation Spéciale pourront exercer les compétences qui leur sont attribuées par la présente loi sans attendre la mise en place de la Chambre d'Assises et de la Chambre d'Appel ».

362 HCDH, *Rapport du projet Mapping documentant les violations graves du droit international des droits de l'homme et du droit international humanitaire commises sur le territoire de la République centrafricaine de janvier 2003 à décembre 2015*, mai 2017, 385 pages ; disponible à l'adresse : http://www.ohchr.org/Documents/Countries/CF/Mapping2003-2015/2017CAR_Mapping_Report_FR.pdf .

pardon d'autre part. Comme son nom l'indique, elle ouvre également la voie à une réparation des torts causés. La réparation des crimes commis à l'endroit des victimes sera la conséquence du traitement de la responsabilité des auteurs d'abus et violations du DIDH et du DIH. Sans cette réparation qui peut être individuelle ou collective, le retour à la paix serait hypothétique et le sentiment de frustration des victimes contribuerait à renforcer la racine de la violence au sein de la société centrafricaine. Ce qui fera la réussite de cette Commission, si elle arrive à voir le jour, c'est la prise en compte du contexte et de l'histoire et non l'application d'un modèle de Commission dont la réussite a été prouvée ailleurs.

Parce que la CPS est transitoire et qu'elle ne pourra juger tous les criminels, il est indispensable de renforcer le système judiciaire ordinaire.

B. Des institutions juridictionnelles ordinaires viables

La loi organique portant création de la CPS prévoit la primauté de celle-ci sur les cours nationales et une interdépendance entre elles. En effet, l'article 71 de la loi organique autorise le Procureur spécial d'ordonner le renvoi des affaires instruites devant les juridictions pénales ordinaires de la République centrafricaine, en attendant la mise en place de la Chambre d'assises et de la Chambre d'appel de la CPS. À cela, s'ajoute l'évidence selon laquelle la CPS, à elle seule, ne pourra jamais juger tous les accusés à cause du coût que cela engendra. Il est dès lors indispensable de reformer et de renforcer les juridictions nationales ordinaires afin qu'elles puissent désengorger la CPS en jugeant certains cas de crimes relevant du droit international, mais surtout du droit national.

Avant la crise, le pays comptait 28 tribunaux ordinaires dont 24 tribunaux de première instance, trois cours d'appel et une cour de cassation, 162 magistrats et environ 135 avocats[363]. Pendant 5 ans (2010-2015), aucun procès n'a eu lieu dans le pays. La première session de la cour d'assises n'ayant eu lieu qu'en juillet 2015. Avec l'arrivée de la MINUSCA, certains tribunaux ont été réfectionnés et pourvus en personnels. Toutefois, face à l'insécurité qui règne en dehors de Bangui, nombreux sont les magistrats nommés qui résident à Bangui, loin de leur lieu d'affectation.

Certaines difficultés relatives à la délivrance de mandats d'arrêt ont été soulevées dans la collaboration des autorités centrafricaines avec ceux de la MINUSCA pour l'arrestation des auteurs de crimes[364]. À cela s'ajoutent la capacité limitée de la MINUSCA et la crainte de représailles contre les populations civiles en cas d'arrestation de certains chefs de groupes armés.

Le système pénitentiaire à peine fonctionnel souffre de graves défaillances. Sur 38 prisons, seules 7 d'entre elles fonctionnent[365]. Ces prisons connaissent une surpopulation extrême, un manque de nourriture, une absence de soins médicaux adéquats et d'hygiène environnementale contraires au respect de la dignité et d'autres droits fondamentaux des détenus. En outre, ces prisons sont gardées par des militaires, sans aucune formation en matière pénitentiaire et en méconnaissance des standards internationaux en matière de détention.

---

363 A/HRC/33/63, *op.cit.*, § 109.

364 En 2016, il y a eu 47 mandats d'arrêt émis en 2014, y compris à l'encontre de Nourredine Adam, qui n'ont pas été transmis à la MINUSCA. S/2016/694, § 26.

365 A/HRC/33/63, *op.cit.*, § 112

Pour le rétablissement d'un système judiciaire ordinaire viable en RCA, les efforts doivent se concentrer sur la dotation de l'État en infrastructures suffisantes et adaptées. Elles doivent être sécurisées et pourvues de personnels formés mis à l'abri de l'insécurité. Il en est de même pour les victimes et les témoins qui rechignent à témoigner de peur de subir des représailles. Ceux-ci doivent bénéficier de mesures de protection et d'une aide juridictionnelle leur facilitant l'accès à la justice. Ces mesures seront valables pour la CPS. La population doit être informée et sensibilisée sur les mécanismes et les modalités de saisine de la justice dont ils disposent en cas de violation de leur droit.

Par ailleurs, le Code pénal et celui de procédurale pénale doivent être révisés afin de les harmoniser avec les textes internationaux des droits de l'Homme. Les délais de détention doivent être respectés et les procès organisés selon les règles d'une bonne administration de la justice. Afin de regagner la confiance de la population en la justice, il est également important d'extirper du système judiciaire, les pratiques de corruption qui décrédibilisent sa fonction. Pour cela, le personnel doit être suffisamment rémunéré et des mesures disciplinaires doivent être prévues pour les contrevenants éventuels. Enfin, comme décidée au forum de Bangui, aucune mesure d'amnistie ne doit être accordée aux coupables.

§ 2. La mise en route nécessaire d'un modèle de gouvernance démocratique

Comme nous l'avons souligné au début de ce travail, l'une des causes du conflit est la mauvaise gouvernance du pays depuis son indépendance et la négation des droits de l'Homme.

Selon une étude de l'Organisation Freedom House publiée en 2017, la RCA est le premier pays dont la situation des libertés civiles et politiques a connu un déclin dramatique au cours de ces 10 dernières années[366]. À cela, s'ajoutent le faible niveau et la précarité des conditions de vie des habitants. Face à cette image peu reluisante, avec le retour à la normalité constitutionnelle et institutionnelle, les nouvelles autorités doivent s'inscrire dans un élan de gouvernance démocratique fondé sur l'État de droit (A) ; lequel permettra de réduire les inégalités qui, autrefois, ont fragilisé le pays et continuent d'alimenter les tensions sociales (B).

A. Une gouvernance fondée sur l'État de droit

Les notions d'État de droit, de démocratie et de bonne gouvernance sont celles auxquelles on se réfère très régulièrement ; surtout quand il s'agit de la reconstruction des États fragilisés par un conflit. Concepts idéologiques, une fois adaptés au contexte sociologique du milieu, on ne peut nier leurs vertus iréniques qui contribuent à une paix positive[367].

---

366 https://freedomhouse.org/report/freedom-world/freedom-world-2017 , consulté le 24/05/2017.

367 Alors que « la paix négative se définit comme la simple absence de violence directe et organisée entre groupes humains ou Nations, la notion de paix positive s'inscrit dans une perspective à plus long terme qui doit permettre de construire une paix durable par la coopération entre ces groupes ou Nations et l'éradication des causes profondes du conflit ». Voir CHETAIL (V.), « La consolidation de la paix : enjeux et ambiguïté d'un concept en quête d'identité », *in* CHETAIL (V.) (dir.), *Lexique de la consolidation de la paix, Bruxelles*, Bruylant, 2009, p.29. Cette définition est tirée des travaux du chercheur norvégien Johan GALTUNG. Voir aussi ; GALTUNG (J.), « Three approaches to peace : Peacekeeping, peacemaking and peacebuilding », *in* Christian Ejlers, *Peace, war and defense-essays*, Peace Research, Copenhagen, Vol. 2, 1975, pp. 282-304.

« L'État de droit tient en peu de mots : la soumission de l'État au droit. Un État de droit est donc un État dans lequel les différents organes agissent en vertu du droit et ne peuvent agir qu'ainsi[368] ». Ce droit auquel l'État doit être soumis est à la fois composé du droit positif issu de la délibération commune à laquelle tous les citoyens ont pris part et de certaines normes de droit naturel ; le tout repris dans la constitution qui se trouve au sommet de la hiérarchie normative. Plus précisément, la mise en route d'un État de droit en RCA, passe par la volonté des uns et des autres à se soumettre à la constitution et à la législation de la République. Les nouvelles autorités élues doivent comprendre que l'exercice de la puissance publique découle d'une compétence juridique et qu'ils ne décident que lorsque le droit les a autorisés à le faire, selon les principes substantiels qui leur sont imposés. Si tel est le cas, les actes qu'ils prennent doivent être rigoureusement encadrés par le droit et son irrespect sanctionné[369]. La séparation des pouvoirs doit être effective et une place de choix doit être accordée aux juridictions administratives.

La mise en route de cet État de droit inspire nécessairement une gouvernance démocratique du pays afin d'éviter les erreurs du passé. Selon Mani et Krause, « la gouvernance démocratique désigne la gestion d'une société qui est menée dans l'intérêt commun conformément aux principes démocratiques[370]. » Cette gouvernance repose sur le respect des droits de l'Homme

---

368 DUHAMEL (O.), TUSSEAU (G.), Droit constitutionnel et institutions politiques, 4e éd., *op.cit.*, p. 542.

369 *Ibid.*

370 MANI (R.) et KRAUSE (J.), « Gouvernance démocratique », *in* CHETAIL (V.) (dir.), *Lexique de la consolidation de la paix,* Bruxelles, Bruylant, 2009, p. 231.

et de l'État de droit, la justice et l'équité, l'égalité et la participation politique des citoyens ainsi que la légitimité et la responsabilité des institutions de l'État.

Au cœur de cette gouvernance démocratique, se trouve confinée la valeur cardinale de la démocratie telle que définie par Abraham Lincoln à Gettysburg[371], c'est-à-dire la participation des citoyens à la gestion des affaires publiques. De ce fait, la régularité des élections crédibles et transparentes doit permettre aux Centrafricains de s'exprimer et de participer aux grandes prises de décisions concernant leur pays. Les gouvernants doivent régulièrement rendre compte afin de maintenir vive la relation qu'ils entretiennent avec le peuple. La liberté d'expression, les droits de l'opposition et de la société civile doivent être reconnus et respectés afin de favoriser un débat public constructif ; ce qui n'a été pendant longtemps réservé qu'aux dissidents armés.

Les dérapages autrefois constatés dans l'exploitation des ressources minières du pays et la corruption dans l'administration publique centrafricaine n'ont pas permis à l'État, de s'assurer un développement économique profitable à sa population. La transparence dans la gouvernance exige que les décisions soient prises et appliquées en conformité avec le droit et que la population ait librement et directement accès à l'information suffisamment claire et compréhensible.

Par ailleurs, la protection des civils ne peut être améliorée en l'absence de conditions économiques satisfaisantes pour l'ensemble de la population. La précarité de la vie, le manque d'infrastructures sanitaires et les conditions de vie misérables jouent un rôle dans la

---

371 Abraham Lincoln, lors du discours de Gettysburg, le 19 novembre 1863, définissait la démocratie comme étant « *le gouvernement du peuple, par le peuple et pour le peuple* ».

persistance des violences. Tant que les jeunes désœuvrés n'auront pas accès à des emplois décents, ils continueront à déambuler dans les groupes armés, sans aucun projet de vie réelle.

L'État de droit est un idéal à atteindre et dont la construction est un processus long qui nécessite l'adhésion de tous les acteurs, ayant connaissance de leurs droits et devoirs. Or depuis trois ans, le système éducatif a été affecté à cause de l'insécurité, la pénurie d'enseignants, les déplacements causés par les combats, les destructions de biens et matériels scolaires ou l'occupation d'écoles par des groupes armés. Parce qu'il promeut une société dans laquelle tous les citoyens sont libres et égaux en dignité et en droits, l'État de droit en RCA n'est viable que si une égalité citoyenne est assurée à toutes les communautés.

B. Réaffirmer l'égalité de tous les citoyens

Certaines inégalités sont indubitablement fragilisantes, en ce sens qu'elles perturbent la stabilité et la viabilité des sociétés et mettent notamment en question la sécurité humaine[372]. Le travail de rétablissement progressif de la cohésion nationale amorcée au forum de Bangui implique des mesures, symboliques, juridiques et politiques envers les communautés de la partie septentrionale du pays à dominante musulmane. Or, dans l'un de leurs rapports soumis au Conseil de sécurité, le Groupe d'expert sur la RCA relevait que :« la composition du Gouvernement et des cabinets du Président et du premier ministre, dont les membres ont été nommés [...], renforce le sentiment [...] que les musulmans sont laissés de côté. Si quatre

---

372 Réseau IMPACT « Les inégalités sont-elles facteurs de fragilités ? », *in* CHÂTAIGNER (J-M.), MAGRO (H.) (*dir.*), *États et sociétés fragiles, entre conflits, reconstruction et développement*, Paris, Karthala, 2007, pp. 75-89.

musulmans figurent parmi les 23 membres du Gouvernement, qui estime cette répartition représentative de la diversité religieuse du pays, aucun des 44 membres du Cabinet du premier ministre n'est de confession musulmane[373] ». Face à ce constat, le Groupe d'expert a estimé que « le Président Touadéra a raté une occasion d'envoyer un message fort d'intégration et de réconciliation en ne nommant qu'un nombre restreint de fonctionnaires musulmans. Au lieu de cela, il donne l'impression de recycler l'élite politique du régime de Bozizé ; [surtout que] certains hommes politiques et officiers des FACA n'ont montré que peu d'intérêt pour une réconciliation avec une minorité musulmane qu'ils qualifient "d'étrangère"[374] ».

Le conflit centrafricain a dévoilé une crise identitaire et citoyenne qui est restée noyée, pendant longtemps dans la pauvreté généralisée de toutes les régions du pays. Les analyses trop simplistes du conflit ont donné lieu à une qualification religieuse du conflit. Certes, les deux groupes armés principaux séléka et antibalaka ont une connotation religieuse, mais « la séléka n'a jamais été créée pour islamiser le pays, et les milices anti-balaka ne combattent pas au nom de Dieu ; ce qui explique en partie l'impuissance des leaders religieux à ramener le calme[375] ». Plusieurs raisons expliquent le fait que les chrétiens qui se proclament autochtones considèrent les musulmans comme les étrangers qu'il faut chasser. D'abord, les différents conflits qu'a connus le pays ont vu la participation massive de combattants étrangers soudanais ou tchadiens. Or ces combattants étrangers sont souvent des

---

373 S/2016/694, *op.cit.*, §16

374 S/2016/694, *op.cit.*, § 20

375 LESUEUR (T.), « République centrafricaine : autopsie d'une crise méconnue », *op.cit.*, p.169.

musulmans. Ensuite, les musulmans en RCA, peu importe leur origine, sont des commerçants ou de grands éleveurs dont la réussite économique aurait toujours suscité des jalousies chez la majorité chrétienne : « On les accuse de créer des cartels pour exclure de ce secteur économique les “vrais” Centrafricains. D'ailleurs, l'appropriation des commerces musulmans, après décembre 2013, par des jeunes anti-balaka est souvent justifiée par cette volonté de récupérer “ce qui nous appartient” et de briser un monopole indu [376] ». Enfin, les inégalités entre ces deux communautés se sont traduites par une division sociale du travail faisant du musulman un commerçant et du chrétien un fonctionnaire de l'administration publique[377].

Quant aux musulmans, outre le fait qu'ils étaient relativement tenus à l'écart de la scène politique, leurs revendications relèvent le plus souvent des attributs de la nationalité ou de la citoyenneté, car les inégalités ont été manifestes, même dans leur relation quotidienne avec l'État centrafricain. Comme Roland Marchal le rapportait : « l'obtention de documents administratifs était [...] une course d'obstacles qui vise à humilier et à rançonner : du certificat de naissance au passeport, les règles sont réécrites pour les musulmans centrafricains alors qu'un Congolais chrétien n'aura aucun problème. Aux barrières routières, les musulmans sont mis de côté, car, avec ou sans papiers, ils devront payer deux ou trois fois ce que les voyageurs “chrétiens” paient. » Le même auteur ajoutait qu'« à l'école publique, mieux vaut aussi avoir un prénom chrétien pour réussir, car le sens commun veut qu'un jeune musulman n'ait pas besoin de faire d'étude puisqu'il ira rejoindre dès

---

376 MARCHAL (R.), « Premières leçons d'une " drôle " de transition en République centrafricaine », *Politique africaine*, 3/2015 (n° 139), p. 123-146.

377 *Ibid.*

l'adolescence l'échoppe familiale et ne fera pas concurrence à ses homologues chrétiens dans la recherche d'un emploi de fonctionnaire[378] ». Même si ces considérations religieuses sont insuffisantes à elles seules pour qualifier le conflit de religieux, elles témoignent tout de même du clivage qui existe entre les deux communautés.

Ces inégalités continuent d'être une réalité, en dépit de l'adoption d'une constitution qui consacre la laïcité de l'État, son caractère républicain et l'égalité de tous. Pour une réconciliation réussie, les nouvelles autorités doivent réduire cet écart de traitement en permettant une représentation équilibrée de toutes les composantes sociales dans l'administration publique et veiller à ce que les communautés du nord à forte dominante musulmane bénéficient des mêmes traitements. Les jours de fête musulmane doivent être officiellement chômés et fériés. Les affaires politiques ne doivent plus être réservées exclusivement à la majorité chrétienne. L'objectif n'est pas de faire des communautés du Nord des privilégiés, mais d'accepter qu'ils soient des citoyens centrafricains à part entière puisque « la citoyenneté signifie l'appartenance à une communauté politique, laquelle appartenance fait du citoyen non plus un individu concret, mais un sujet de droit. La notion de citoyenneté, pouvant se ramener à la capacité reconnue aux individus d'exercer leurs droits civils et politiques au sein de l'État[379] ». Les régions du Nord doivent être développées. L'État centrafricain ne doit pas s'arrêter à Bangui comme cela a toujours été le cas. Un plan de « développement inversé » du pays peut être envisagé c'est-à-dire que la reconstruction du pays peut progresser de l'intérieur vers la capitale et non l'inverse. La

---

378 *Ibid.*

379 KEUDJEU DE KEUDJEU (J.R.), « Citoyenneté et République dans le constitutionnalisme africain », *Revue CAMES/SJP*, n°001/2016, p. 101-122.

décentralisation du pays pourra permettre aux communautés locales de s'administrer librement ; à condition que le pouvoir central mette à leur disposition les moyens nécessaires pour ce faire.

Les rivalités en RCA sont d'abord ethniques et régionalistes avant d'être religieuse. La composition ethnique de l'armée longtemps décriée et l'abandon du Nord en sont la preuve. La construction de la cohésion sociale passe nécessairement par la reconnaissance et la réalisation des droits de tous les Centrafricains, qu'ils soient musulmans ou chrétiens, du Nord ou du Sud.

Comme le martèle Henrique PEREIRA ROSA, ancien Président par intérim de la République de la Guinée-Bissau : « La gouvernance démocratique fait appel à un renforcement de la citoyenneté. Sans ce renforcement de la citoyenneté-par l'exercice responsable des droits et des devoirs des citoyens-, les conditions fondamentales ne sont pas réunies pour une démocratisation de la gouvernance[380] ».

---

380 PEREIRA ROSA (H.), « Réforme de la gouvernance et coopération internationale pour le développement », *in* BELLINA (S), MAGRO (H.), DE VILLEMEUR (V.), *La gouvernance démocratique. Un nouveau paradigme pour le développement ?*, Paris, KARTHALA, 2008, pp. 31-39.

Conclusion générale

Depuis 1999, la protection des civils est devenue un critère de succès des opérations de maintien de la paix des Nations Unies. À cet égard, quoiqu'elle ne soit pas la seule tâche de ces Missions, la PdC est considérée à la fois comme un résultat spécifique à atteindre et le résultat ultime auquel doit conduire l'accomplissement de toutes les autres tâches de ces Missions : plus la paix est consolidée, plus les civils sont protégés des violences et jouissent de leurs droits.

À s'en tenir, on pourrait facilement affirmer, trois ans après le déploiement de la MINUSCA, que celle-ci n'a pas atteint ses objectifs. Toutefois, parce que la protection des civils est un concept à priori clair mais complexe dans sa phase opérationnelle, il est judicieux de relativiser cette conclusion : Certes la MINUSCA peine à protéger les civils, mais elle peut y arriver si ses moyens sont renforcés, sa stratégie redéfinie et si tous les acteurs s'engagent à l'accompagner dans l'accomplissement de cette tâche.

Déployée dans un contexte de conflit armé, le mandat multidimensionnel de la MINUSCA, qui consiste à soutenir le processus de transition, notamment en agissant en faveur du renforcement de l'autorité de l'État et de la préservation de l'intégrité territoriale, à renforcer l'état de droit, à promouvoir et à protéger les droits humains, à soutenir les programmes de DDR et la RSS, à faciliter la fourniture de l'aide humanitaire et, avant tout, à protéger les civils, s'est révélé extrêmement compliqué à mettre en œuvre pour plusieurs raisons. D'une part, toutes ces tâches étaient concurremment prioritaires en « l'absence de l'État » et d'autre part, les moyens dont est dotée la Mission se sont révélés insuffisants et inefficaces face à l'extrême violence qui règne dans le pays.

En effet, il convient de rappeler que dans ses résolutions sur la RCA, le Conseil de sécurité a toujours pris soin de souligner « qu'il faut exécuter le mandat de la MINUSCA sur la base d'une hiérarchisation des tâches et, le cas échéant, par étapes ». Cette hiérarchisation des tâches a pour but d'éviter à la Mission de tout faire en même temps au risque d'échouer. Cependant, s'il est vrai que de façon générale la réussite de la principale tâche qui est celle de la PdC est liée aux avancées enregistrées dans la mise en œuvre d'autres tâches telles que la DDRR et la RSS, il ne faut pas perdre de vue que de façon spécifique, face à l'urgence de protection, la réussite de la protection des civils, à court terme, se mesure à la capacité de la MINUSCA à mettre les civils à l'abri des violences armées imminentes et les groupes armés hors d'état de nuire. Autrement dit, si nous partons de l'idée que toute OMP, peu importe son mandat a pour objectif final la protection des civils, l'érection de la protection des civils au rang des tâches prioritaires, n'a de sens que lorsque les résultats y relatives, peuvent être concrètement identifiés indépendamment du résultat global de l'Opération.

En dépit de sa contribution au retour à la normalité constitutionnelle et institutionnelle du pays, à la tenue du forum national de Bangui pour la réconciliation, la MINUSCA a déçu les attentes des populations centrafricaines par son incapacité à protéger les civils face aux attaques imminentes. Pour preuve, le contexte sécuritaire, trois ans après, ne laisse guère de place à l'optimisme puisque les civils continuent d'être victimes d'attaques aveugles et d'autres violations des droits de l'homme commises par les groupes armés.

Si la capitale connaît une amélioration sécuritaire, le reste du pays reste plongé dans l'insécurité. La MINUSCA est souvent taxée d'être une mission « banguissoise ». Certes des fonctionnaires de police, de la gendarmerie et de l'armée ont été déployés dans certaines localités, mais les effectifs restent très bas et l'armement constitue un véritable problème. Les FACA et les FSI pâtissent de l'embargo sur les armes qui pèse sur le pays et dont les populations peinent à saisir l'efficacité.

Les groupes armés, dont les motivations sont désormais pécuniaires et criminelles, ne sont pas prêts à déposer les armes et à participer au processus de paix enclenché. Ils contrôlent la majeure partie du territoire, là où se concentrent les zones aurifère et diamantifère et exploitent l'incapacité de la MINUSCA et des forces nationales pour justifier leur existence. Pour l'heure, il est difficile d'envisager un retour ou une réinstallation durable des déplacés et réfugiés.

Le programme DDRR parait une utopie lointaine puisqu'elle s'enlise dans les revendications illégitimes des groupes armés (amnistie, participation au gouvernement et aux institutions de sécurité) et le refus raisonnable que leur oppose le Gouvernement. En attendant de sortir de cet impasse, les représentants des groupes armés, qui ont tout intérêt à faire durer les discussions, sont rémunérés à chaque réunion et se voient ainsi accordés une position privilégiée : les expériences des missions de paix antérieures n'ont pas été mis à profit.

Nous sommes convaincus d'une chose : L'approche exclusive de dialogue et de négociation adoptée à l'égard de certains groupes armés (antibalaka, FRPC, UPC, MPC) et la dissuasion par la présence ont montré leurs limites. Elles doivent être accompagnées d'actions solides et dynamiques pour neutraliser et vaincre les menaces qui pèsent sur la population civile centrafricaine. Ceci amène donc la MINUSCA et de façon générale les Nations Unies non seulement à changer de paradigme quant aux règles d'engagement des forces onusiennes chargés de protéger les civils mais aussi pour ce qui concerne les moyens mis à disposition car le meilleur moyen de protéger les civils, c'est d'agir au lieu de réagir[381]. En outre, le vide sécuritaire crée par le retrait de la Force française et celles américaines et ougandaises dans le sud du pays doit être rapidement comblé ; soit par un déploiement supplémentaire de contingents et de ressources conséquentes, soit par la mise en place d'une brigade d'intervention spécifiquement chargée de mener des actions coercitives contre les groupes armés. Il faut permettre à l'État de réinvestir son territoire et couper les circuits de financement des groupes armés, tout en accordant une attention particulière à la conduite des Casques bleus. Ce n'est qu'à ce prix que la MINUSCA pourra gagner en légitimité, en crédibilité et pourra avoir d'influence sur ces groupes armés. Comme mentionné par la *doctrine Capstone*, « la légitimité d'une opération de maintien de la paix des Nations Unies est directement liée à la qualité et à la conduite de son personnel militaire, policier et civil. Il est essentiel que le comportement et la conduite de tous les membres du personnel soient à la hauteur des lourdes responsabilités qui sont confiées aux opérations de maintien de la paix des Nations Unies ». Quant à la crédibilité d'une mission, elle « dépend des ressources mises à sa disposition, de son efficacité et de sa capacité de gérer et répondre aux attentes. Idéalement, pour être crédible, une opération de maintien de la paix des Nations Unies doit se déployer rapidement, disposer

381 S/PV.7275 du 09/10/2014, p. 3.

de ressources adéquates et, dès le premier jour, adopter une posture confiante, capable et unifiée[382] ».

Par ailleurs, peu importe sa puissance, la MINUSCA ne peut à elle seule protéger les civils en RCA sans un appui favorable de l'État centrafricain qui en a la responsabilité première ; des États voisins et du reste de la communauté internationale. Les mesures de sanction du Conseil de sécurité qui n'ont jusqu'à lors qu'une fonction symbolique, ne peuvent produire l'effet escompté sans la participation des États voisins ; tout comme aucune sortie de crise durable ne peut être envisagée sans une implication de tous les acteurs régionaux.

Plus que jamais, la réforme de la gouvernance, la lutte contre la corruption, la fin de l'impunité, la mise en route de État de droit promis par les nouvelles autorités centrafricaines doivent être une réalité. Cela passe par un réel engagement de ceux-ci à collaborer avec la MINUSCA, mais aussi par un renouvellement des élites, des méthodes et de la manière même de concevoir l'État. Un an après les élections tant espérées et exigées par la Communauté internationale et les institutions financières internationales, les reformes tardent à prendre place. Dans certains domaines comme celui de la réforme du secteur de la sécurité : « même si les internationaux et le gouvernement s'accordent pour recréer une armée centrafricaine, ils ne s'accordent ni sur la méthode ni sur la finalité. Alors que les premiers évoquent réforme du secteur de la sécurité, les seconds parlent simplement de reconstituer et de réarmer les forces centrafricaines.[383] ».

---

382 Nations Unies, *Opérations de maintien de la paix des Nations Unies : Principes et Orientations*, op.cit., pp. 41-42.

383 VIRCOULON (T.), « La reconstitution de l'armée centrafricaine : un enjeu à hauts risques », *Note de recherche de l'IFRI*, n° 36 Avril 2017, pp. 1-7.

La RSS, doit prendre en compte les droits de l'homme et le respect de la diversité afin de prévenir les dérives du passé et d'accroître la confiance des citoyens en une armée républicaine. Les procédures de recrutement devraient être ouvertes à tous, quelle que soit l'appartenance ethnique, religieuse, sociale ou le genre.

Les tensions et rivalités sur la scène politique montrent à suffisance que les promesses électorales n'engagent que ceux qui y croient. Sans préjudice de la souveraineté de la RCA, les acteurs internationaux doivent assumer complètement leur rôle en dénonçant au besoin, certaines pratiques incompatibles avec l'État de droit que tous appellent de leur vœu. Aussi, le renouvellement de la scène politique est indispensable pour donner un nouvel élan à la reconstruction du pays. À cet égard, l'opportunité doit être donnée aux jeunes centrafricains, chrétiens ou musulmans, de participer à la gestion de leur pays grâce à la remise sur pied du système éducatif et la création de l'emploi. Ceci leur permettra de devenir autonome, de résister à la tentation des rebellions et de se conformer aux valeurs de la république.

Après de nombreuses années de conflit armé caractérisé par de graves violations et abus des droits de l'homme et surtout du droit international humanitaire, la répression de ces actes et la réparation des préjudices sont des prémices pour une réconciliation nationale durable. D'où la nécessité de ne pas trahir le goût de la justice suscité par la création de la Cour pénale spéciale.

Somme toute, il est clair qu'en RCA, la MINUSCA fait partie de la solution et le sera encore pour longtemps. Cependant, à moins que ses Casques bleus ne soient en « tourisme militaire » comme on l'a souvent reproché à la MONUSCO, les heurts et malheurs de la MINUSCA en RCA doivent irrémédiablement conduire les Nations Unies à revoir non seulement le mandat de cette mission mais aussi celui des opérations de maintien de la paix dans leur ensemble en se posant la question suivante : quel mandat pour quelle efficacité ?

Bibliographie

SOURCES PRIMAIRES

I. Conventions internationales

- Charte des Nations Unies, adoptée le 26 juin 1945 et entrée en vigueur le 29 octobre 1945.
- Convention internationale des droits de l'enfant, adopté le 20 novembre 1989.
- Convention de Genève (IV) relative à la protection des civiles en temps de guerre, du 12 août 1949.
- Pacte international relatif aux droits civils et politiques, adopté le 16 décembre 1966, entré en vigueur le 23 mars 1976.
- Pacte international relatif aux droits économiques, sociaux et culturels, adopté le 16 décembre 1966, entré en vigueur le 3 janvier 1976.
- Protocole additionnel aux Conventions de Genève du 12 août 1949 relatif à la protection des victimes des conflits armés non internationaux (Protocole II), adopté le 8 juin 1977, entré en vigueur le 7 décembre 1978.

II. Documents et rapports officiels

A. DE L'ONU

1. <u>Documents du Conseil de sécurité</u>

a) <u>Résolutions</u>

- S/RES/1265(1999),17 septembre 1999 : *Les civils au cours de conflits armés.*
- S/RES/1159 (1998), 27 mars 1998 : *La situation en République centrafricaine.*
- S/RES/2098 (2013), 28 mars 2013 : *La situation concernant la République démocratique du Congo.*
- S/RES/2127 (2013), 5 décembre 2013 : *La situation en République centrafricaine.*
- S/RES/2149 (2014), 10 avril 2014 : *La situation en République centrafricaine.*
- S/RES/2217(2015), 28 avril 2015 : *La situation en République centrafricaine.*
- S/RES/2281(2016), 26 avril 2016 : *La situation en République centrafricaine.*
- S/RES/2301(2016), 26 juillet 2016 : *La situation en République centrafricaine.*
- S/RES/2272 (2016), 11 mars 2016 : *Opérations de maintien de la paix des Nations Unies.*
- S/RES/2339 (2017), 27 janvier 2017 : *La situation en République centrafricaine.*

b) <u>Déclarations du Président et Procès-verbaux</u>

- S/PRST/1999/6, 12 février 1999 : *Protection des civils touchés par les conflits armés.*

- S/PV.7275, 09 octobre 2014 : *Opérations de maintien de la paix.*
- S/PV.7884, 15 février 2017 : *La situation en République centrafricaine.*
- S/PV.7901, 16 mars 2017 : *La situation en République centrafricaine.*

2. De l'Assemblée générale

- A/47/277-S/24111, 17 juin 1992 : *Agenda pour la paix – Diplomatie préventive, rétablissement de la paix, maintien de la paix.*
- A/RES /49/59, 17 février 1995 : *Convention sur la sécurité du personnel des Nations unies et du personnel associé.*
- A/54/549, 15 novembre 1999 : *Rapport présenté par le Secrétaire général en application de la résolution 53/35 de l'assemblée générale : la chute de Srebrenica.*
- A/55/305-S/2000/809, 21 aout 2000 : *Rapport du Groupe d'étude sur les opérations de la paix de l'Organisation des Nations unies (Rapport Brahimi).*
- A/59/565, 2 décembre 2004 : *Rapport du groupe de personnalités de haut niveau sur les menaces, les défis et le changement* : « Un monde plus sûr, notre affaire à tous »
- A/59/2005, 24 mars 2005 : *Rapport du Secrétaire général des Nations Unies* « Dans une liberté plus grande : développement, sécurité et respect des droits de l'homme ».
- A/59/710, 24 mars 2005 : *Stratégie globale visant à éliminer l'exploitation et les abus sexuels dans les opérations de maintien de la paix des Nations Unies.*
- A/RES/60/1, 24 octobre 2005 : *Document final du Sommet mondial de 2005.*

- A/61/494, 3 octobre 2006 : *Projet révisé de modèle de mémorandum d'accord entre l'Organisation des Nations Unies et [l'État participant] fournissant des ressources à une [opération de maintien de la paix des Nations Unies.*
- A/C.5/70/24, 22 juin 2016 : *Crédits approuvés au titre des opérations de maintien de la paix pour l'exercice allant du 1 er juillet 2016 au 30 juin 2017.*
- A/71/99, 23 juin 2016 : *Rapport du Groupe d'enquête externe indépendant sur l'exploitation et les atteintes sexuelles commises par les forces internationales de maintien de la paix en République centrafricaine.*

3. Du Secrétariat général

- S/1999/957, 8 septembre 1999 : *Rapport du Secrétaire-général au Conseil de sécurité sur la protection des civils dans les conflits armés.*
- S/2012/376, 22 mai 2012 : *Rapport sur la protection des civils dans les conflits armés.*
- S/2013/261, 3 mai 2013 : *Rapport du Secrétaire général sur la situation en République centrafricaine.*
- S/2013/787, 31 décembre 2013 : *Rapport du Secrétaire général sur la situation en République centrafricaine.*
- S/2014/762, 29 octobre 2014 : *Rapport final du Groupe d'experts sur la République centrafricaine créé par la résolution 2127 (2013) du Conseil de sécurité.*
- S/2014/928, 22 décembre 2014 : *Rapport final de la Commission d'enquête internationale sur la République centrafricaine.*
- S/2016/133, 12 février 2016 : *Rapport sur le sort des enfants en temps de conflit armé en République centrafricaine.*
- S/2016/305, 1er avril 2016 : *Rapport sur la situation en République centrafricaine.*

- S/2016/565, 22 juin 2016 : *Rapport spécial sur l'examen stratégique de la Mission multidimensionnelle intégrée des Nations Unies pour la stabilisation en République centrafricaine.*
- S/2016/694, 11 août 2016 : *Bilan d'étape du Groupe d'experts sur la République centrafricaine reconduit par la résolution 2262 (2016) du Conseil de sécurité.*
- S/2016/824, 29 septembre 2016 : *Rapport du Secrétaire général sur la situation en République centrafricaine.*
- S/2016/1032, 5 décembre 2016 : *Rapport final du Groupe d'experts sur la République centrafricain.*

4. **Du Conseil des Droits de l'homme**

- A/HRC/WG.6/5/CAF/1, 23 février 2009 : *Rapport national à l'Examen périodique universel.*
- A/HRC/12/2, 4 juin 2009 : *Rapport du Groupe de travail sur l'Examen périodique universel de la RCA.*
- A/HRC/WG.6/17/CAF/1, 23 juillet 2013 : *Rapport national à l'Examen périodique universel.*
- A/HRC/25/11, 6 janvier 2014 : *Rapport du Groupe de travail sur l'Examen périodique universel de la RCA.*

5. **Du Haut-Commissaire aux droits de l'homme au Conseil des droits de l'homme**

- A/HRC/14/24/Add.5, 19 mai 2010 : *Rapport du Rapporteur spécial sur les exécutions extrajudiciaires, sommaires ou arbitraires.*
- A/HRC/24/59, 12 septembre 2013 : *Rapport de la Haut-Commissaire des Nations Unies aux droits de l'homme sur la situation des droits de l'homme en République centrafricaine.*

- A/HRC/25/43, 19 février 2014 : *Rapport de la Haut-Commissaire des Nations Unies aux droits de l'homme sur la situation des droits de l'homme en République centrafricaine.*
- A/HRC/26/53, 30 mai 2014 : *Rapport préliminaire de l'Experte indépendante sur la situation des droits de l'homme en République centrafricaine, Marie-Thérèse Keita Bocoum.*
- A/HRC/30/59, 24 juillet 2015 : *Rapport de l'experte indépendante sur la situation des droits de l'homme en République centrafricaine, Marie-Thérèse Keita Bocoum.*
- A/HRC/33/63, 22 juillet 2016 : *Rapport de l'experte indépendante sur la situation des droits de l'homme en République centrafricaine.*

6. Des organes des traités

- CCPR/C/CAF/2004/2, 21 septembre 2005 : *Deuxième rapport périodique présenté devant le Comité des droits de l'homme.*
- CCPR/C/CAF/CO/2, 27 juillet 2006 : *Observations finales du Comité des droits de l'homme*
- CCPR/C/96/2, 26 août 2009 : *Rapport du rapporteur spécial chargé du suivi des observations finales*
- CEDAW/C/CAF/CO/1-5, 24 juillet 2014: *Observations finales sur le rapport unique de la République centrafricaine valant rapport initial et deuxième à cinquième rapports périodiques*
- CRC/C/CAF/2, 30 juin 2016 : *Deuxième rapport périodique de la République centrafricaine attendus en 1999(Convention relative aux droits de l'enfant)*

- CRC/C/CAF/CO/2, 8 mars 2017 : *Observations finales [du Comité des droits de l'enfant] concernant le deuxième rapport périodique de la République centrafricaine*

7. Autres documents de l'ONU

- DOMP/DAP, *Manuels sur les affaires civiles*, Nations Unies, New York, 2012, 255 p.
- DOMP/DAM, *Opérations de maintien de la paix des Nations Unies : Principes et Orientations*, « Doctrine Capstone », Nations Unies, 2008, 108 p.
- DOMP/DAM, *Protection des civils : mise en œuvre des lignes directrices applicables aux composantes militaires des missions de maintien de la paix des Nations Unies*, Nations Unies, New York, février 2015, 47 p.
- HCDH, la *protection juridique internationale des droits de l'homme dans les conflits armés*, New York et Genève, 2011, 128 p.
- HCDH, *Rapport du projet Mapping documentant les violations graves du droit international des droits de l'homme et du droit international humanitaire commises sur le territoire de la République centrafricaine de janvier 2003 à décembre 2015*, mai 2017, 385 pages
- MINUSCA, « Les violations des droits de l'Homme et du DIH à Bangui entre le 26 septembre et le 20 octobre 2015 »

MINUSCA, « Rapport sur la situation des droits de l'homme en République centrafricaine du 1er juin 2015 au 31 mars 2016

B. DE L'UA ET DE LA CEEAC

- Communauté économique des États d'Afrique centrale, *Décision n°02/CEEAC/CCEG/XIII/08 portant le mandat de la Mission de Paix du 12 juillet au 31 décembre et Mission de Consolidation de la paix du 1er janvier 2009 aux environs de l'année 2013 du COPAX en RCA*, 13e session ordinaire des chefs d'État et de gouvernement, 12 juin 2008.
- Union africaine, *Communiqué du Conseil de paix et de sécurité de l'Union africaine (UA), en sa 299ème réunion portant sur la mise en œuvre opérationnelle de l'Initiative de coopération régionale conduite par l'UA contre l'Armée de Résistance du Seigneur (LRA)*, Réf : PSC/PR/COMM. (CCXCIX), 22 novembre 2011.
- Union africaine, *Communiqué du Conseil de paix et de sécurité de l'Union africaine (UA), en sa 363e réunion portant sur la situation en République centrafricaine (RCA),* Réf : PSC/PR/COMM.(CCCLXIII), 25 mars 2013.
- Union africaine, *Communiqué du Conseil de paix et de sécurité de l'Union africaine (UA), en sa 385e réunion portant sur la situation en République centrafricaine (RCA),* Réf : PSC/PR/COMM.2(CCCLXXXV), 19 juillet 2013.
- Union africaine, *Communique de presse : Réunion 458ème du Conseil de paix et de sécurité sur la situation en République centrafricaine (RCA),* Réf. : PSC/PR/COMM(CDLVIII) *;* 17 septembre 2014.

A. AUTRES DOCUMENTS ET RAPPORTS

- Amnesty International, « Un mandat pour protéger. Les ressources pour réussir ? Renforcer le maintien de la paix en République centrafricaine », 2016, 28 p.
- Amnesty International, « RCA : des criminels de guerre en liberté », 11 janvier 2017.

- Amnesty International, « République centrafricaine. Le long chemin vers la justice l'obligation de rendre des comptes », janvier 2017, 52 p.
- Banque mondiale, *Rapport sur le développement dans le monde : conflits, sécurité et développement,* Washington, 2011, 59 p.
- FIDH, « République centrafricaine. Oubliées, stigmatisées : la double peine des victimes de crimes internationaux », rapport n°457, octobre 2006, 80 p. disponible à : https://www.fidh.org/IMG/pdf/RCA457-2006.pdf , consulté le 05/06/2017.
- FIDH, « République centrafricaine : Un pays aux mains des criminels de guerre de la Séléka », juillet 2013, 54 p., disponible à : https://www.fidh.org/IMG/pdf/rapport_d_enque_te_rca-ld3.pdf consulté le 05/06/2017.
- Human rights watch, « État d'anarchie. Rébellions et exactions contre la population civile », Volume 19, No. 14(A), septembre 2007, 116 p. disponible à : https://www.hrw.org/sites/default/files/reports/car0907frwebwcover.pdf , consulté le 05/06/2017.
- Human rights watch, « République centrafricaine Documents publiés entre avril 2016 et mars 2017 », mars 2017, 129 p., disponible à : https://www.hrw.org/sites/default/files/supporting_resources/hrw_carcompendium2017_fr.pdf , consulté le 05/06/2017.
- International crisis group, « République centrafricaine : anatomie d'un État fantôme », Rapport Afrique n°136, 2007, 40 p. disponible à : https://d2071andvip0wj.cloudfront.net/central-african-republic-anatomy-of-a-phantom-state-french.pdf , consulté le 05/06/2017.

- International Crisis Group, « République centrafricaine : les urgences de la transition », Rapport Afrique n°203, 11 juin 2013, 41 p. disponible à : https://d2071andvip0wj.cloudfront.net/central-african-republic-priorities-of-the-transition-french.pdf consulté le 05/06/2017.
- International Crisis Group, « Centrafrique : les racines de la violence », Rapport Afrique n°230, 21 septembre 2015, 44 p. disponible à : https://d2071andvip0wj.cloudfront.net/230-central-african-republic-the-roots-of-violence-french.pdf , consulté le 05/06/2017.
- Médecins sans frontières, « République centrafricaine, une crise silencieuse », novembre 2011, 16 p. disponible à : http://www.msf.fr/sites/www.msf.fr/files/a_state_of_silent_crisis_fr.pdf , consulté le 05/06/2017.
- SPITTAELS (Steven), HILGERT (Filip), *Cartographie derrière les conflits : la République centrafricaine*, International Peace Information Service (IPIS), 2009, 50 p.
- UK Foreign and Commonwealth Office, *UK Government Strategy on The Protection of Civilians in Armed Conflict*, mars 2010, 16 p., disponible à: https://www.gov.uk/government/uploads/system/uploads/attachment_data/file/32950/ukstrategy-protect-cvilians-arms-conflict.pdf consulté le 08 janvier 2016

WEYNS (Yannick) & alii, *Cartographie des motivations derrière les conflits : la République centrafricaine,* International Peace Information Service (IPIS), Anvers, 2014, 91 p.

II. Jurisprudence

- Cour européenne des Droits de l'Homme, Arrêt du 2 mai 2007, *Berhami c. France et Saramati c. France, Allemagne et Norvège*, requête n° 71412/01 et 78166/01.
- Cour européenne des Droits de l'Homme, Arrêt du 7 juillet 2011, *Al-Jedda c. Royaume-Uni*, requête n° 27021/08.

SOURCES SECONDAIRES

I. Dictionnaires

- BASDEVANT (Jules), *Dictionnaire de la terminologie juridique du droit international*, Paris, Sirey, 1960, 755 p.
- CORNU (Gérard), *Vocabulaire juridique*, Association Henri Capitant, 8ème édition, Quadrige, 2007, 986 p.
- SALMON (Jean) (*dir.*), *Dictionnaire de droit international public*, Bruxelles, Bruylant, 2001, 1198 p.

II. Cours

- BASDEVANT (Jules), « Règles générales du droit de la paix », *Recueil des Cours de l'Académie de droit international de la Haye*, 1936-IV, volume 58, pp. 475-691.
- DAILLIER (Patrick), « Les opérations multinationales consécutives à des conflits armés en vue du rétablissement de la paix », *Recueil des Cours de l'Académie de Droit International*, 2005, tome 314, pp. 233-431
- MANTON (Robert), *Protection des civils*, Cours de l'Institut de formation aux opérations de paix (POTI), 2014, 113 p.

III. Ouvrages généraux

- BAYART (Jean-François.), *l'État en Afrique. La politique du ventre*, Paris, Fayard, 2006, 514 p.
- BAYART (Jean-François), MBEMBE (Achille), TOULABOR (Comi), *La politique par le bas. Contribution à une problématique de la démocratie en Afrique noire*, Karthala, 1992, 268 p.
- BURDEAU (Georges), *L'État*, Paris, Éditions du Seuil, 1970, 182 p.
- COT (Jean-Pierre), PELLET (Alain), FORTEAU (Mathias) (dir.) *La charte des Nations unies, commentaire article par article*, Paris, Economica, 3e ed., 2005, 2 volumes, 2363p.
- DUHAMEL (Olivier), TUSSEAU (Guillaume), *Droit constitutionnel et institutions politiques*, 4e éd., Seuil, 2016, 1070 p.
- PELLET (Alain), *Les Nations unies. Textes fondamentaux*, Paris, Presses Universitaires de France, 1995, 128 pages,
- VIRALLY (Michel), *L'Organisation mondiale*, Armand Colin, Paris, Collection U, 1972, 588 p.

IV. Ouvrages Spécialisés

- COULON (Jocelyn) (dir.), *Guide du maintien de la paix*, Montréal, 2006, 278 p.
- COULON (Jocelyn), LARRAMENDY (Damien), *Consolidation de la paix et fragilité étatique : L'ONU en République centrafricaine,* Presses de l'Université de Montréal, 2015, 220 p.
- FAES (Géraldine), SMITH (Stephen), *Bokassa 1er : Un empereur français*, Paris, 2000, 385 p.
- HAJJAMI (Nabil), *La responsabilité de protéger*, Bruylant, 2013, 577 p.

- HOLT (Victoria), BERKMAN (Tobias.), *The Impossible Mandate ? Military Preparedness, the Responsibility to Protect and Modern Peace Operations*, Centre Henry L. Stimson, 2006, 241 p.
- KELLY (Max), *Protecting Civilians : Proposed Principles For Military Operations*, Washington DC, Centre Henry L. Stimson, 2011, 102 p.
- KELLY (Max), GIFFEN (Allison), *Military planning to protect civilians : proposed guidance for united nations peacekeeping operations*, Centre Henry L. Stimson, Washington D.C, septembre 2011, 100 p.
- KOLB (Robert), *Ius contra bellum, Le droit international relatif au maintien de la paix*, 2ème édition, Bruylant, Bruxelles, 2009, 449 p.
- NOVOSSELOFF (Alexandra), *Le Conseil de sécurité des Nations Unies et la maîtrise de la force armée. Dialectique du politique et du militaire en matière de paix et de sécurité internationales*, Bruxelles, Bruylant, 2003, 660 p.
- ROTBERG (Robert), *When States Fail : Causes and Consequences*, Princeton University Press, 2003, 352 p.
- SFDI, *Les métamorphoses de la sécurité collective : droit, pratique et enjeux stratégiques*, Journée franco-tunisienne, Paris, Pedone, 2005, 280 p.
- TEHINDRAZANARIVELO, (Djacoba Liva)., *Les sanctions des Nations Unies et leurs effets secondaire s: assistance aux victimes et voies juridiques de prévention*, Paris, P.U.F., 2005, 523 p.
- WILLS (Siobhan), *Protecting Civilians: The obligations of Peacekeepers*, Oxford University Press, 2009, 280 p.

V. Articles Et Contributions

- ARCARI (Maurizio), « Maintien de la paix et protection des droits de l'homme : L'action du Conseil de sécurité des Nations Unies », *Perspectives internationales et Européennes*, n ° 1, 2005, 13 p., [en ligne] disponible à l'adresse suivante : http://revel.unice.fr/pie/?id=31 consulté le 05/06/2017.
- BEN ACHOUR (Rafâa), « Des opérations de maintien de la paix aux opérations d'imposition et de consolidation de la paix », *in* Société Française pour le Droit International, *Les métamorphoses de la sécurité collective. Droit, pratique et enjeux stratégiques*, Paris, A. Pedone, 2005, pp. 123-141.
- BODEAU-LIVINEC (Pierre), VILLALPANDO (Santiago), « La promotion de l'« État de droit » dans la pratique des Nations Unies », *in* Société Française pour le Droit International, *L'État de droit en droit international*, Colloque de Bruxelles, Paris, Pedone, 2009, pp. 81-100.
- CHÂTAIGNER (Jean-Marc), « Introduction », *in* CHÂTAIGNER (Jean-Marc) (*dir.*), *Fragilités et résilience : les nouvelles frontières de la mondialisation*, Karthala, Paris, 2014, pp. 13-31.
- CORTEN (Olivier) « Action humanitaire et Chapitre VII : la redéfinition du mandat et des moyens d'action des Forces des Nations Unies », *AFDI*, vol. 39, 1993, pp. 105-130.
- DE CARVALHO (Gustavo), LUCEY (Amanda) « Consolidation de la paix fracturée en République centrafricaine : leçons pour l'engagement de l'union africaine », *Notes d'analyse 87, Institut d'Études de Sécurité,* juillet 2016, 12 p.
- DUBUY (Melanie), « États fragiles et droits de l'homme », *Civitas Europa*, 1/2012 (N° 28), p. 35-54.

- GOURDIN (Patrice), « République centrafricaine : géopolitique d'un pays oublié », *Diploweb*, 2013, 15 p.
- GUEHENNO (Jean-Marie.), « On Challenges and Achievements of Reforming UN Peacekeeping Operations », *International Peacekeeping*, vol.9, n°2, 2002, pp. 69-80.
- GUEYE (B), « La démocratie en Afrique : succès et résistances », *Pouvoirs,* n° 129, 2009, pp. 5-26.
- KAMTO (Maurice), « le cadre juridique des opérations de maintien de la paix des Nations Unies », *International Law forum du droit international* 3, 2001, pp. 95–104.
- KEUDJEU DE KEUDJEU (John Richard.), « Citoyenneté et République dans le constitutionnalisme africain *», Revue CAMES/SJP,* n°001/2016, p. 101-122.
- LAGRANGE (Philippe), « Sécurité collective et exercice par le Conseil de sécurité du système d'autorisation de la coercition », *in* Société Française pour le Droit International, *Les métamorphoses du système de sécurité collective. Droit, pratique et enjeux stratégiques*, Paris, Pedone, 2005, pp. 53-94.
- LAGRANGE (Philippe), « Responsabilité des États pour actes accomplis en application du chapitre VII de la Charte des Nations Unies. Observations à propos de la décision de la Cour européenne des droits de l'Homme (grande chambre) sur la recevabilité des requêtes Behrami et Behrami c. France et Saramati c. Allemagne, France et Norvège », 31 mai 2007, *RGDIP*, 2008, n° 1, p. 85-110
- LESUEUR (Thibaud), « République centrafricaine : autopsie d'une crise méconnue », *Politique étrangère*, 2014/3 (Automne), p. 163-174.
- LOMBARD (Louise) « Rébellion et limites de la consolidation de la paix en République centrafricaine ». *Politique africaine*, n°125, 2012, p. 189-208.

- MARCHAL (Roland), « Premières leçons d'une " drôle " de transition en République centrafricaine », *Politique africaine*, 3/2015 (n° 139), p. 123-146.
- MAYNERI (Andrea), « La Centrafrique, de la rébellion séléka aux groupes anti-balaka. Usages de la violence, schème persécutif et traitement médiatique du conflit », *Politique africaine*, n°134, juin 2014, p. 179-193.
- MERAND (Frédéric), RAKOTONIRINA (Mireille), « La force européenne au Tchad et en Centrafrique : le baptême du feu », *Politique africaine,* n°114, juin 2009, p.105-125.
- MIRIMANOFF□CHILIKINE (Jean.), « Protection de la population et des personnes civiles contre les dangers résultants des opérations militaires », *R.B.D.I.,* 1971, t. 2, pp. 619-670.
- MIRIMANOFF□CHILIKINE (Jean.), « Protection de la population et des personnes civiles contre les dangers résultants des opérations militaires », *R.B.D.I.,* 1972, t. 1, pp. 101-142.
- MOMTAZ (Djamchid.), « La sécurité collective et le droit d'ingérence humanitaire », *in* Société Française pour le Droit International, *Les métamorphoses de la sécurité collective. Droit, pratique et enjeux stratégiques*, Paris, Pedone, 2005, pp. 131-141.
- MUBIALA (Mutoy), « A la recherche du droit applicable aux opérations des Nations Unies sur le terrain pour la protection des droits de l'homme », *Annuaire Français de Droit International*, 1997, pp. 167-183.
- NAUD (Frédéric) « L'embargo : une valse à trois temps, Nations Unies, Union européenne et États membres », *RMCUE*, n° 404, janv. 1997, pp. 25-33.

- N'DIMINA-MOUGALA (Antoine-Dénis), « Les opérations de maintien de la paix des Nations Unies en Afrique centrale, 1960-2000 », *Guerres mondiales et conflits contemporains*, 4/2009 (n° 236), p. 121-133,
- NIEWIADOWSKI (Didier), « Les élections centrafricaines : un nouveau mirage de la démocratie dans la CEEAC », *Afrilex*, 2015, 27 p.
- NOVOSSELOF (Alexandra), « L'ONU ou la réforme perpétuelle », *Annuaire Français des Relations Internationales*, 2004, pp. 535-544.
- PALWANKAR (Umesh), « Applicabilité du droit international humanitaire aux forces des Nations unies pour le maintien de la paix », *Revue internationale de la Croix-Rouge*, n° 801, mai-juin 1993, pp. 245-259.
- Réseau Impact « Les inégalités sont-elles facteurs de fragilités ? », *in* CHÂTAIGNER (Jean-Marc), MAGRO (Hervé) (*dir*), *États et sociétés fragiles, entre conflits, reconstruction et développement*, Paris, Karthala, 2007, pp. 75-89.
- SICILIANOS (Linos-Alexandre), « Le respect des droits de l'homme comme obligation internationale », in Société Française pour le Droit International, *L'État de droit en droit international*, Colloque de Bruxelles, Paris, Pedone, 2009, pp.143-152.
- SOREL (Jean-Marc), « la responsabilité des nations unies dans les opérations de maintien de la paix », *International Law forum du droit international* **3** : 2001, pp.127–138.
- TEXEIRA (Pascal), « Un nouveau défi pour le Conseil de sécurité : comment traiter les États déliquescents ou déchirés par des conflits internes », *Annuaire Français des Relations Internationales*, 2005,

- VIRCOULON (Thiery.), « La reconstitution de l'armée centrafricaine : un enjeu à hauts risques », *Note de recherche de l'IFRI*, n° 36 Avril 2017, pp. 1-7.
- WILLIAMS (Paul), « Renforcer la protection des civils dans les opérations de maintien de la paix : regard sur l'Afrique », *Papier de recherche du Centre d'études stratégiques de l'Afrique* N°1, septembre 2010, 77 p.

VI. Sites internet

- www.un.org/french/documents : Accès aux résolutions du Conseil de sécurité et de l'Assemblée générale, et à tous les documents officiels des Nations Unies.
- http://www.un.org/fr/peacekeeping/ : Site officiel des Nations Unies sur les opérations de maintien de la paix.
- www.minusca.unmissions.org/ : Site officiel de la Mission multidimensionnelle intégrée de stabilisation des Nations Unies en Centrafrique (MINUSCA).
- www.operationspaix.net : Site du Réseau de recherche sur les opérations de paix, affilié au Centre d'études et de recherches internationales de l'Université de Montréal, Canada.
- www.crisisgroup.org : Site de l'International Crisis Group, pour des informations et analyses des conflits et crises dans le monde.

Résumé et mots-clés – Summary and keyword

LA PROTECTION DES CIVILS PAR LA MISSION MULTIDIMENSIONNELLE INTEGREE DE STABILISATION DES NATIONS UNIES EN CENTRAFRIQUE

En mars 2013, éclata en RCA un conflit armé à l'issue d'un coup d'État anticonstitutionnel qui a assommé cet État dont la fragilité légendaire n'a que trop durée. En effet, cette dernière crise, l'énième d'une longue série est la preuve indiscutable de l'insuccès des politiques tant internes et qu'externes destinées à asseoir dans ce pays d'Afrique centrale, un État de droit, respectueux des droits et libertés fondamentaux.

Trois années après le déploiement de la Mission multidimensionnelle intégrée de stabilisation des Nations Unies en Centrafrique (MINUSCA), très peu d'avancées ont été réalisées dans les domaines de la justice, la réconciliation nationale, le désarmement, et de la protection des civils. Que l'on soit à Bambari, à Bossangoa, à Birao ou à Obo, le discours de la déception est le même : « Ils nous avaient promis la paix ». Certes, la MINUSCA avait pour tâche prioritaire la protection des civils dans un contexte où finalement tout était prioritaire. Cependant, outre sa contribution au retour à la normalité constitutionnelle et institutionnelle, elle n'a pas les moyens pour mettre en œuvre sa tâche de protection des civils : le mandat était trop ambitieux eu égard aux ressources dont elle disposait.

Il est évident que la MINUSCA ne pourra pas réussir sa mission sans une nouvelle approche stratégique, une adaptation au contexte, une prise en compte des causes profondes du conflit et un véritable engagement des États contributeurs. Quant aux Centrafricains qui font souvent passer au second plan leur responsabilité dans la pacification de leur pays, il est temps qu'ils réalisent que la MINUSCA, peu importe sa puissance et ses moyens, ne peut tout réussir, elle seule.

Mots-clés

Droits de l'Homme- Droit international humanitaire- Protection des civils- Opération de maintien de la paix- Organisation des Nations Unies- Mission multidimensionnelle intégrée de stabilisation des Nations Unies en Centrafrique- État fragile- Réforme du secteur de la sécurité- Désarmement- Justice transitionnelle- Assistance humanitaire.

THE PROTECTION OF CIVILIANS BY THE UNITED NATIONS MULTIDIMENSIONAL INTEGRATED STABILIZATION MISSION IN THE CENTRAL AFRICAN REPUBLIC

In March 2013, an armed conflict occurred in the Central African Republic as the result of an unconstitutional putsch. This last crisis, the umpteenth of a long series, is the indisputable proof of the failure of internal and external policies intended to establish in this country of Central Africa, a rule of law, respectful of the Human rights.

Three years after the deployment of the UN Integrated Multidimensional Stabilization Mission in the Central African Republic (MINUSCA), a very little progress has been made in the sphere of justice, national reconciliation, disarmament and the protection of civilians. Whether one is in Bambari, Bossangoa, Birao or Obo, the disappointment is great: "They promised us peace." Of course, MINUSCA's priority task was the protection of civilians in a context where ultimately everything was a priority. However, in addition to contributing to the adoption of a new constitution and the election of new authorities, it does not have the means to implement its task of protecting civilians: the mandate was too ambitious in relation to the resources.

It is evident that MINUSCA will not be able to succeed in its mission without a new strategic approach, re-adaptation to the context, considering the root causes of the conflict and a real commitment by all States. As for the Central Africans who often put their responsibility for the pacification of their country in the background, it is time for them to realize that MINUSCA, whatever its power and resources, cannot succeed alone.

Keywords

Human rights- International Humanitarian Law-Protection of civilians - Peacekeeping operation - United Nations - United Nations multidimensional integrated stabilization mission in the central african republic-Fragile State - Security Sector Reform - Disarmament - Transitional Justice - Humanitarian Assistance.

Index

A

assistance humanitaire, 131

B

BINUCA, 9, 67, 71, 72, 75, 79, 95, 97, 103, 104
BONUCA, 9, 67, 69, 71, 74, 79

C

Conseil national de transition, 82, 94, 115
Cour pénale internationale, 9, 38, 86, 99, 200
Cour pénale spéciale, 9, 134, 158, 199, 220
crimes de guerre, 39, 86, 113, 130, 155, 200

D

Désarmement, 10, 103, 242

E

élections, 9, 57, 58, 59, 69, 82, 87, 90, 116, 117, 118, 119, 120, 121, 122, 123, 193, 209, 219, 239
État de droit, 103, 119, 120, 207, 208, 210, 219, 220, 236, 239, 241
EUFOR, 10, 67, 70, 72, 76, 98, 101, 104
exploitations et abus sexuels, 160

F

FACA, 10, 59, 87, 93, 102, 117, 136, 147, 151, 154, 167, 169, 170, 173, 211, 217
FOMUC, 10, 67, 70, 76, 77
forum de Bangui, 135, 199, 203, 206, 210

G

gouvernance démocratique, 56, 63, 206, 207, 208, 209, 214

J

justice transitionnelle, 198, 199

M

MICOPAX, 11, 67, 70, 77, 94, 97
MINURCA, 11, 67, 68, 69, 74, 75, 77
MINURCAT, 11, 67, 70, 75, 76
MISAB, 11, 67, 68, 77
MISCA, 11, 67, 71, 76, 97, 100, 101, 103, 104, 141, 155, 156, 159, 180, 192, 193

P

Pacte républicain, 112

R

référendum constitutionnel, 117, 121

Réforme du secteur de la sécurité, 12, 137, 242
règles d'engagements, 175
résilience, 53, 63, 197, 236

S

Sangaris, 72, 98, 101, 104, 122, 155, 156, 159, 165, 181, 186

U

Union africaine, 12, 71, 91, 93, 96, 101, 178, 182, 193, 230
usage de la force, 25, 125, 175, 176, 187

Table des matières

REMERCIEMENTS **7**

LISTE DES SIGLES ET ABRÉVIATIONS **9**

SOMMAIRE **13**

PRÉFACE **15**

INTRODUCTION **21**

PARTIE I.
DE LA NÉCESSITÉ DE PROTECTION DES CIVILS PAR LA MINUSCA **45**

CHAPITRE I.
CONTEXTE CRITIQUE DE LA RCA 51

Section I. La fragilité de l'État centrafricain 52

§ 1. Conceptualisation de la fragilité en RCA 55

§ 2. Les interventions externes en réponse à la fragilité de la RCA 66

Section II. la crise politico-humanitaire de 2013 81

§ 1. Une crise institutionnelle sévère 81

§ 2. une crise humanitaire sans précédent 91

CHAPITRE II.
LA MINUSCA DANS SA MISSION PRINCIPALE DE PROTECTION DES CIVILS 101

Section I. Contribution à la fondation d'un espace politique pacifique 107

§ 1. Appui à la reconstruction de la cohésion sociale 107

§ 2. La restauration de l'autorité de l'État 114

Section II. Mise en place d'un cadre sécuritaire sûr et stable 124

§ 1. La protection des civils contre les violences physiques 125
§ 2. l'instauration d'un environnement protecteur 132

PARTIE II.
DE L'EFFICACITÉ DE LA PROTECTION DES CIVILS PAR LA MINUSCA 139

CHAPITRE I.
LES OBSTACLES À L'EFFICACITÉ DES ACTIONS DE PROTECTION DES CIVILS 143

Section I. Les obstacles liés à la persistance des atteintes aux droits de l'homme et à l'impunité 145
§ 1. Abus attribués aux groupes armés 145
§ 2. Les atteintes aux droits de l'homme par les forces gouvernementales 153
Section II. Les obstacles liés aux carences institutionnelles 167
§ 1. Le déploiement limité des forces de défense et de sécurité centrafricaines 167
§ 2. Les moyens d'action limités de la MINUSCA 174

CHAPITRE II.
LES CONDITIONS D'UNE OPTIMISATION DES ACTIONS DE PROTECTION DES CIVILS PAR LA MINUSCA 183

Section I. La consolidation du soutien international 185
§ 1. Le renforcement des capacités de la Mission 185
§ 2. La coopération avec les acteurs extérieurs 190
Section II. Le réel engagement des Centrafricains dans l'édification de la cohésion sociale 198
§ 1. La sanction et la réparation des abus et violations des droits de l'homme. 198
§ 2. La mise en route nécessaire d'un modèle de gouvernance démocratique 206

CONCLUSION GÉNÉRALE 215

BIBLIOGRAPHIE 223

Sources primaires 223
I. Conventions internationales 223

II. Documents et rapports officiels 224
II. Jurisprudence 233
Sources secondaires 233
I. Dictionnaires 233
II. Cours 233
III. Ouvrages généraux 234
IV. Ouvrages Spécialisés 234
V. Articles Et Contributions 236
VI. Sites internet 240

RÉSUMÉ ET MOTS-CLÉS – SUMMARY AND KEYWORD 241
INDEX 245

La Centrafrique
aux éditions L'Harmattan

Dernières parutions

VOYAGE APOSTOLIQUE DU PAPE FRANÇOIS EN CENTRAFRIQUE
Bondobo Mathieu Fabrice Evrard
Préface de Dieudonné Cardinal Nzapalainga
Quels impacts le passage du Pontife romain peut-il avoir sur la vie de chaque fille et fils de la Centrafrique ? Que disent les Centrafricains du passage du Pape François trente ans après celui de Jean-Paul II ? Ces interrogations ont conduit au projet de ce livre, qui se veut un recueil de la visite du pape François en Centrafrique.
(Coll. Églises d'Afrique, 36.00 euros, 350 p.)
ISBN : 978-2-343-11232-9, ISBN EBOOK : 978-2-14-003913-3

LA RÉPUBLIQUE CENTRAFRICAINE À LA CROISÉE DES CHEMINS DU DROIT
Entre droit coutumier, droit de sécurité, force du droit positif et droit de la force
Doui-Wawaye Augustin Jérémie - Préface de Philippe Icard
En RCA l'état du droit doit être retravaillé à plusieurs niveaux : la production des normes, leur réception, leurs modalités de mise en œuvre, les incompréhensions qu'elles peuvent susciter, les insuffisances qu'elles peuvent comporter, leur intégration dans les structures sociopolitiques. Le recours à la sociologie et l'anthropologie juridique s'impose. La justice reste l'un des domaines d'activités les plus difficiles à faire évoluer en RCA car elle englobe tout ce qui concerne la vie du peuple.
(Coll. Études africaines, 22.50 euros, 224 p.)
ISBN : 978-2-343-11425-5, ISBN EBOOK : 978-2-14-003209-7

CENTRAFRIQUE, UN VRAI-FAUX DÉPART
Cas atypique d'un mal africain
Parse Rigo-Beyah
Le Centrafrique, blotti au cœur de l'Afrique, est un condensé de contradictions, de mauvais choix, d'arrimage malsain et d'instabilité permanente. Au lendemain du coup d'État du 24 mars 2013 qui a plongé le pays dans un chaos sans précédent, celui-ci s'est engagé à se doter d'une nouvelle Constitution, une de plus qui s'ajoute à la production exceptionnellement riche en ce demi-siècle.

Celle-ci a fini par être un échec, tant dans sa démarche, sa conception que par son contenu. Ignorant l'histoire, la sociologie et les besoins réels de son peuple, la tentative a été donc loin d'assurer au pays les conditions viables d'un décollage effectif.
(27.00 euros, 258 p.)
ISBN : 978-2-343-10879-7, ISBN EBOOK : 978-2-14-002897-7

INVENTION DE LA DÉMOCRATIE ET DE LA CITOYENNETÉ EN CENTRAFRIQUE
Dangabo Moussa Abdou
Ce travail vise à analyser les expériences locales d'invention démocratique dans une société post-conflit et à appréhender les différents acteurs de terrain (partis politiques, sociétés civiles, ONG) dans la quête citoyenne et dans la démarche de paix. L'auteur pense qu'il est possible d'instaurer une démocratie solide en Centrafrique à condition que les acteurs sociopolitiques trouvent un compromis et que les citoyens soient associés à la gestion de la vie politique, sociale et culturelle.
(Coll. Études africaines, 23.00 euros, 222 p.)
ISBN : 978-2-343-01235-3, ISBN EBOOK : 978-2-336-37255-6

L'INSÉCURITÉ EN RÉPUBLIQUE CENTRAFRICAINE
Quel rôle pour le droit international ?
Doui-Wawaye Augustin Jérémie
En République centrafricaine tout porte à croire que la solution à une crise se trouve au bout du fusil. C'est pourquoi chaque coup d'État en chasse un autre. Et l'usurpation du pouvoir est marquée par la terreur, la cupidité et le mépris du droit et des règles morales. La République centrafricaine produit donc une insécurité incontrôlable tant à l'intérieur du territoire que pour la stabilité de la sous-région d'Afrique centrale. Le droit international doit agir.
(Coll. Études africaines, 14.00 euros, 132 p.)
ISBN : 978-2-343-05709-5, ISBN EBOOK : 978-2-336-37140-5

RÉPUBLIQUE CENTRAFRICAINE
Douanes et corruption, causes de la déliquescence du pays ?
Pascal Lionel
Les États en développement ont des recettes essentiellement basées sur les taxes prélevées aux frontières sur les marchandises. Aussi, afin de les améliorer, les Organisations Internationales recommandent une privatisation partielle des missions. La RCA a poussé cette privatisation à l'ensemble des missions douanières. Si sa situation actuelle découle de l'absence d'une administration des douanes solide, l'auteur l'explique aussi par l'absence de réactions des organisations internationales.
(Coll. Études africaines, série Administration, 47.50 euros, 488 p.)
ISBN : 978-2-343-05297-7, ISBN EBOOK : 978-2-336-36877-1

DIALOGUE (LE) ISLAMO-CHRÉTIEN EN CENTRAFRIQUE
Ndéma Justin
Pour éviter toutes sortes de manipulations du religieux par le politique, et surtout pour prévenir les risques d'un conflit interreligieux en République centrafricaine,

cet ouvrage propose une médiation de l'humanité du Christ comme chemin du dialogue islamo-chrétien. Qu'est-ce que nous disons du Christ qui nous permette d'entrer en dialogue avec les autres croyants ?
(Coll. Croire et savoir en Afrique, 17.00 euros, 166 p.)
ISBN : 978-2-343-04304-3, ISBN EBOOK : 978-2-336-36095-9

L'ÉGLISE ET LA DÉMOCRATIE EN CENTRAFRIQUE
Appora-Ngalanibé Richard
Cet ouvrage se propose d'étudier les Lettres pastorales publiées lors de la Conférence Épiscopale Centrafricaine pour dire la position de l'Église et accompagner le processus démocratique en Centrafrique, régulièrement mis à mal par d'interminables rebellions et coups d'État ces dernières décennies. Ces lettres constituent un témoignage éloquent de la participation de l'Église centrafricaine à l'éveil d'une conscience lucide et responsable de la population.
(Coll. Croire et savoir en Afrique, 12.00 euros, 104 p.)
ISBN : 978-2-343-04305-0, ISBN EBOOK : 978-2-336-36104-8

CENTRAFRIQUE
La dérive singulière
De Sassara Honki
L'histoire de la Centrafrique est une suite de drames humains qui se déroulent loin des regards et dont on parle à peine. En 1905, le pays est intégré à l'AEF comme colonie française et va connaître le système colonial le plus féroce. En 1959, à la veille de l'Indépendance, l'équipe politique est décimée par un attentat et les médiocres ne cesseront ensuite de se coopter entre eux à la tête du pays, jusqu'à aujourd'hui.
(18.50 euros, 190 p.)
ISBN : 978-2-343-03193-4, ISBN EBOOK : 978-2-336-35381-4

REPENSER LA SÉCURITÉ EN RÉPUBLIQUE CENTRAFRICAINE
Doui-Wawaye Augustin Jérémie
En République centrafricaine, la lutte obsessionnelle pour le pouvoir et la guerre civile ont provoqué massacres, tensions intercommunautaires et haines viscérales. Mais comment sortir de cette fatalité ? Le défi à relever serait d'amorcer une réconciliation entre les couches sociales fracturées, rétablir la confiance entre les Centrafricains et leurs leaders et restaurer l'autorité des institutions étatiques. Il faudrait aussi redéfinir le mot : sécurité.
(Coll. Études africaines, 12.00 euros, 104 p.)
ISBN : 978-2-343-04140-7, ISBN EBOOK : 978-2-336-35696-9

RÉPERTOIRE DE L'ADMINISTRATION TERRITORIALE
DE LA RÉPUBLIQUE CENTRAFRICAINE
Serre Jacques, Fandos-Rius Juan
Le présent travail trace l'évolution du commandement des différentes unités administratives, aujourd'hui préfectures et sous-préfectures, de la République Centrafricaine depuis leur création jusqu'à nos jours. Le répertoire est accompagné des notes historiques dans l'optique des découpages des unités administratives.

Au présent la République Centrafricaine veut s'engager dans une politique de la décentralisation et de la régionalisation en faveur de la démocratie locale et d'une administration plus proche des administrés.
(19.50 euros, 294 p.)
ISBN : 978-2-343-01298-8, ISBN EBOOK : 978-2-336-35580-1

DE L'OUBANGUI-CHARI À LA RÉPUBLIQUE CENTRAFRICAINE INDÉPENDANTE
Simiti Bernard
La République centrafricaine, ex Oubangui-Chari, a célébré le 13 août 2010 le cinquantenaire de son accession à la souveraineté internationale. Cette marche vers l'indépendance s'inscrit dans le contexte global de revendications de l'autonomie politique par les anciennes colonies françaises d'Afrique. Cet ouvrage est une justice faite à Barthélemy Boganda, leader de la lutte pour l'indépendance et fondateur de la République centrafricaine.
(Coll. Études africaines, 10.50 euros, 66 p.)
ISBN : 978-2-336-29347-9, ISBN EBOOK : 978-2-296-53187-1

OÙ EN EST L'URBANISATION EN CENTRAFRIQUE ?
Mossoa Lambert
C'est ce phénomène prodigieux d'un monde nouveau en gestation dans les villes centrafricaines que l'auteur a essayé d'observer et de comprendre, et c'est dans une perspective géographique qu'il a tenté d'en aborder l'étude. L'objectif est de fournir une première réponse toute provisoire et imparfaite qu'elle soit, à cette seule question : où en est l'urbanisation en Centrafrique ?
(12.50 euros, 118 p.)
ISBN : 978-2-343-03864-3, ISBN EBOOK : 978-2-336-35737-9

LA TROUPE DE BEMBA ÉTAIT TOMBÉE SUR NOS TÊTES
Bepou-Bangue Johanes Arnaud
Pays peu peuplé, la République de Centrafrique a été secouée par une énième tentative de putsch en octobre 2002. Pour renforcer l'armée loyaliste affaiblie, les autorités en place ont fait appel à une rébellion étrangère en renfort : Le Mouvement de la Libération du Congo (MLC) de Jean-Pierre Bemba Gombo. Les hommes de la troupe ont commis viols, pillages et autres exactions. L'auteur se remémore des souvenirs pénibles et révèle sa version des faits.
(10.00 euros, 68 p.)
ISBN : 978-2-296-99552-9, ISBN EBOOK : 978-2-296-51702-8

Structures éditoriales du groupe L'Harmattan

L'Harmattan Italie
Via degli Artisti, 15
10124 Torino
harmattan.italia@gmail.com

L'Harmattan Hongrie
Kossuth l. u. 14-16.
1053 Budapest
harmattan@harmattan.hu

L'Harmattan Sénégal
10 VDN en face Mermoz
BP 45034 Dakar-Fann
senharmattan@gmail.com

L'Harmattan Cameroun
TSINGA/FECAFOOT
BP 11486 Yaoundé
inkoukam@gmail.com

L'Harmattan Burkina Faso
Achille Somé – tengnule@hotmail.fr

L'Harmattan Guinée
Almamya, rue KA 028 OKB Agency
BP 3470 Conakry
harmattanguinee@yahoo.fr

L'Harmattan RDC
185, avenue Nyangwe
Commune de Lingwala – Kinshasa
matangilamusadila@yahoo.fr

L'Harmattan Congo
67, boulevard Denis-Sassou-N'Guesso
BP 2874 Brazzaville
harmattan.congo@yahoo.fr

L'Harmattan Mali
Sirakoro-Meguetana V31
Bamako
syllaka@yahoo.fr

L'Harmattan Togo
Djidjole – Lomé
Maison Amela
face EPP BATOME
ddamela@aol.com

L'Harmattan Côte d'Ivoire
Résidence Karl – Cité des Arts
Abidjan-Cocody
03 BP 1588 Abidjan
espace_harmattan.ci@hotmail.fr

L'Harmattan Algérie
22, rue Moulay-Mohamed
31000 Oran
info2@harmattan-algerie.com

L'Harmattan Maroc
5, rue Ferrane-Kouicha, Talaâ-Elkbira
Chrableyine, Fès-Médine
30000 Fès
harmattan.maroc@gmail.com

Nos librairies en France

Librairie internationale
16, rue des Écoles – 75005 Paris
librairie.internationale@harmattan.fr
01 40 46 79 11
www.librairieharmattan.com

Librairie l'Espace Harmattan
21 bis, rue des Écoles – 75005 paris
librairie.espace@harmattan.fr
01 43 29 49 42

Lib. sciences humaines & histoire
21, rue des Écoles – 75005 paris
librairie.sh@harmattan.fr
01 46 34 13 71
www.librairieharmattansh.com

Lib. Méditerranée & Moyen-Orient
7, rue des Carmes – 75005 Paris
librairie.mediterranee@harmattan.fr
01 43 29 71 15

Librairie Le Lucernaire
53, rue Notre-Dame-des-Champs – 75006 Paris
librairie@lucernaire.fr
01 42 22 67 13

www.ingramcontent.com/pod-product-compliance
Lightning Source LLC
LaVergne TN
LVHW010951061026
849535LV00006B/1670
9782343143699